мж

мужчина и женщина:
как преодолеть
разногласия
и приумножить
любовь

2014

УДК 159.9
ББК 88.5

МУЖЧИНА И ЖЕНЩИНА: как преодолеть разногласия и приумножить любовь / Под ред. М. Аксюты – 2014. – 112 с.

Что может быть прекрасней отношений мужчины и женщины, преодолевших все преграды и трудности и достигших вершины настоящей, неподдельной любви?

Курс, который мы вам предлагаем – это результат одного очень смелого, уникального, никогда ранее не проводившегося эксперимента. Это увлекательный отчет о том, к чему пришли десятки семейных пар, проводивших занятия по специальной методике, пробуждающей то, что в современном обществе именуется коллективным разумом.

УДК 159.9
ББК 88.5

© ARI Publishers, 2014.

ОГЛАВЛЕНИЕ

КРАТКОЕ СОДЕРЖАНИЕ 5
ВВЕДЕНИЕ: КАК ДОБИТЬСЯ МАКСИМАЛЬНЫХ РЕЗУЛЬТАТОВ ОТ ЭТОГО КУРСА 7
ГОРА ПЕРВАЯ 11
ГОРА ВТОРАЯ 15
   Упражнение «РОЗОВАЯ МЕЧТА» 17
   Упражнение «ЗНАКОМСТВО» 18
   Упражнение «ЧЕГО МЫ ХОТИМ ОТ ЭТОЙ ЖИЗНИ?» 19
ГОРА ЧЕТВЕРТАЯ 30
   Упражнение «ВСЕ ПРИГРЕШЕНИЯ ПОКРОЕТ ЛЮБОВЬ» 30
ГОРА ПЯТАЯ 45
   Упражнение: «СОЗДАНИЕ ОБРАЗОВ» 46
ГОРА ШЕСТАЯ 50
   Упражнение «КРАСИВЫЕ УСТУПКИ» 51
   Упражнение «ТОЧКИ СОПРИКОСНОВЕНИЯ» 56
ГОРА СЕДЬМАЯ 59
   Упраженение «ЗЕРКАЛО» 61
ГОРА ВОСЬМАЯ 71
   Игра «МОЙ ПАРТНЕР ИДЕАЛЬНЫЙ!» 75
ГОРА ДЕВЯТАЯ 87
ГОРА ДЕСЯТАЯ 96
ШКОЛА ОБЩЕСТВЕННЫХ ОТНОШЕНИЙ 110
KRUGI.TV 111
   Почему и как это работает 111

Как современному человеку прийти к равновесию с природой и выстроить гармоничные отношения с окружением? Несомненно, что навыки гармоничной жизни можно приобрести, прежде всего, в семье, воспитывая в себе чувствительность, стремление к пониманию, внимательное отношение, умение уступать.

Курс, который мы вам предлагаем – это результат одного очень смелого, уникального, никогда ранее не проводившегося эксперимента. Это увлекательный отчет о том, к чему пришли десятки семейных пар, проводивших занятия по специальной методике, пробуждающей то, что в современном обществе именуется коллективным разумом. Они собирались, на протяжении долгого времени, чтобы улучшить свои отношения, придать им второе рождение, новый и глубокий смысл.

Почему одни семьи счастливы и живут в полной гармонии с окружающим миром, а другие – нет? Как преодолеть разногласия и приумножить любовь в отношениях с партнером?

Результаты удивительны.

Во многом потому, что к ним привел коллективный разум, «мудрость толпы», феномен который сейчас изучается во всем мире.

Итоги могут быть сформулированы в виде десяти принципов, которые помогут вам прийти к счастливым и гармоничным семейным отношениям.

Мы назвали их «Десять гор». Почему?

Потому что подъем на гору – это символ движения вверх, к совершенству, символ преодоления, стремления к лучшему – он требует определенных усилий. Порой путь нелегок. Но, в конечном итоге, достигшему вершины путнику открывается потрясающий вид, покоряющий сердце подлинной красотой.

Что может быть прекрасней отношений мужчины и женщины, преодолевших все преграды и трудности и достигших вершины настоящей, неподдельной любви?

Вы верите, что такое все еще возможно в наше время?

В любом случае, мы приглашаем вас в увлекательное путешествие вместе с нами.

КРАТКОЕ СОДЕРЖАНИЕ

ГОРА ПЕРВАЯ – признание различий и уважение индивидуальных свойств партнера. Чтобы подняться на эту гору, нужно научиться уважать и беречь индивидуальность друг друга и понимать, что мужчины и женщины – совершенно разные существа. Говорят, что они – с разных планет. Мы скажем так: «Они из разных миров».

ГОРА ВТОРАЯ – знакомство. Чтобы подняться на эту гору, нужно составить карту ваших семейных отношений. Какие у вас и у вашего партнера интересы в жизни? Что у вас схожего, и какие у вас отличия? Замечательно, если обнаружится, что у вас в жизни есть одна общая, большая цель, идеальная мечта, прекрасный образ светлого будущего, к которому должны привести вас ваши отношения, если вы объедините свои усилия самым совершенным образом.

ГОРА ТРЕТЬЯ – постоянное обновление отношений. Чтобы подняться на эту гору, нужно научиться периодически непринужденно и весело флиртовать друг с другом, как в первые дни знакомства.

ГОРА ЧЕТВЕРТАЯ – корректировка карты семейных отношений путем общения друг с другом. Чтобы подняться на эту гору, мы рекомендуем практиковать одно невероятно эффективное и простое упражнение, назовем его так: «Горькая начинка, покрытая толстым слоем шоколада, или чего, в итоге всего пройденного вместе, мы хотим друг от друга?».

ГОРА ПЯТАЯ – внимание и забота. Чтобы подняться на эту гору, нужно осознать важность взаимных усилий участия и заботы, которые партнерам полезно вкладывать друг в друга, чтобы сблизиться еще теснее, привязаться друг к другу еще крепче и ценить, один – другого, еще больше.

ГОРА ШЕСТАЯ – границы дозволенного. Чтобы подняться на эту гору, нужно осознать на практике пользу от взаимных уступок и время от времени применять друг к другу «полную амнистию».

ГОРА СЕДЬМАЯ – зеркало. Чтобы подняться на эту гору, нужно понять, что все недостатки твоего партнера, на самом деле, не что иное, как твои собственные изъяны.

ГОРА ВОСЬМАЯ – любовь. Чтобы подняться на эту гору, нужно прийти в совместных отношениях к такой большой любви, которая покроет все недостатки: и его, и ее – вместе взятые.

ГОРА ДЕВЯТАЯ. С ее вершины открывается вид на все человечество, как на одну большую и добрую семью.

ГОРА ДЕСЯТАЯ – отчаяние, путаница и бессилие. Чтобы подняться на эту гору, вам потребуется доброе и хорошее окружение – ваш надежный помощник на пути к вершинам любви.

ВВЕДЕНИЕ:
КАК ДОБИТЬСЯ МАКСИМАЛЬНЫХ РЕЗУЛЬТАТОВ ОТ ЭТОГО КУРСА

О чем это мы?

О круглых столах, конечно!

Этим инструментом, использующим коллективный разум, давно пользуются политики, психологи, управленцы, бизнесмены и экономисты. Они заметили, что, если решать какой-то вопрос совместно, по определенным правилам, то обсуждение идет конструктивно, и результаты его удивляют. Можно решить, практически, любую проблему!

Эйнштейн сказал: «Никакую проблему нельзя решить на том уровне, на котором она возникла».

Для того чтобы решить проблему, нужно перейти на другой уровень мышления – не индивидуальный, а общий.

Когда люди собираются вместе и начинают обсуждать какую-то проблему, соблюдая описанные ниже принципы методики, которую мы с вами будем называть Круглой, они поднимаются над уровнем возникновения проблемы: каждый высвечивает отдельную сторону и добавляет ее в общую копилку, в результате чего происходит соединение этих граней. Так рождается интегральное решение.

Каковы правила?

Они очень просты.

Вот что пишут в Википедии:

- цель обсуждения – обобщить идеи и мнения относительно обсуждаемой проблемы;
- все участники круглого стола выступают в роли пропонентов (должны выражать мнение по поводу обсуждаемого вопроса, а не по поводу мнений других участников);
- все участники обсуждения равноправны: никто не имеет права диктовать свою волю и решения.

Немного расширим эти правила.

1. Равенство и важность

За «Круглым столом» нет людей, более или менее важных. Во время обсуждения все стараются быть равными друг другу, не подавляя званиями, должностями; не допустима также дискриминация по половому, возрастному и другим признакам; нет «больших» и «маленьких».

2. Только одна тема

Все вместе обсуждают какую-то одну, заранее выбранную общую тему. Все стараются быть внимательными к вопросам ведущего, и не уходят в сторону от заданного направления.

3. Важно, чтобы сказал каждый

Главное в обсуждении – выявить как можно больше различных точек зрения на обозначенную проблему, не противоречащих, как иногда кажется, друг другу, но, на самом деле, дополняющих общую картину.

Каждый подобен другому участнику обсуждения и потому должен высказаться, каким бы странным, на первый взгляд, не казалось ему самому его мнение. Молчание понимается, но не желательно. В процессе обсуждения важно отдавать свою уникальность группе. Ведь, без неповторимого индивидуального мнения каждого участника решение вопроса может быть принято на основе неполных данных. Каждый добавляет свои, присущие только ему оттенки понимания, обогащая этим остальных.

4. Важно слушать и слышать других

Все говорят по очереди, не перебивая друг друга, внимательно слушают того, кто говорит.

Участникам важно не только предельно честно включиться в процесс внутреннего выяснения вопроса, мысленно переживая и отвечая на само продвижение к решению проблемы, но и, в гораздо большей степени, сочувствовать индивидуальным и от этого бесценным ощущениям каждого. Здесь приобретается способность ощущать то, что чувствуют другие, «примерять» их мнения на себя. Ведь, по сути, кто из нас знает наверняка, кто прав, а кто – нет? Учитывая то, что любой человек получает свой собственный генетический набор качеств, и окружение, которое его воспитывает, определяет его будущее – разве может он говорить иначе? Несомненно, в его словах есть правда жизни, более того – разве может он, учитывая вышесказанное, выражаться иначе? Ведь таким он создан…

Итак, важна способность слушать и слышать других, и принимать их.

5. Отсутствие споров, критики и оценок

Участники никогда не спорят, стараясь принять чужую точку зрения, какой бы абсурдной она не казалась, – только добавляют к ней свою. Нет правильных или неправильных мнений. Все точки зрения имеют право на существование, все идет в зачет. Не отрицая мнения других, а дополняя друг друга, участникам обсуждения становится возможным получить новый взгляд на обозначенный вопрос – общий.

Не принимаются критические высказывания относительно высказываний других участников: ими можно ранить или оттолкнуть человека, решившегося публично открыть свое сердце. Похвалой тоже не стоит выделять кого-то одного, чтобы не нарушать принцип равенства.

Не приветствуются также слова «согласен с кем-то…», «мне нравится, что ты сказал…», «поддерживаю его…» по отношению к другим участникам, чтобы не делить круг на отдельные, симпатизирующие друг другу, пары или мини-группы.

6. Отсутствие диалогов и вопросов друг к другу

Диалоги и вопросы разрушают круг, разрывают его на части.

7. Подниматься над отторжением и раздражением

Участники стараются преодолеть несогласие друг с другом, выстраивая общий взгляд на обсуждаемый вопрос. Если между ними возникает ненависть, отторжение, непонимание, они стремятся преодолеть ее общими усилиями, приподнимаясь над тем, что их разделяет, к тому, что их соединяет. Учатся уступать друг другу. Радуются таким моментам, как возможностям для совместного продвижения и роста.

8. Избегать лозунгов и клише

Следует избегать клише и лозунговых высказываний, ссылки на «авторитеты» – здесь важны, в первую очередь, личные мнения и чувства каждого.

9. Принимать решение коллективно

Участники стараются принимать решение только единогласно, из общей точки взаимопонимания и единства. Она рождается к концу беседы (или серии бесед), когда личные мнения каждого соединяются в коллективное мнение.

10. Ставить перед собой возвышенную и благородную цель: сформировать общее поле любви, участия, заботы, тепла

Каждый, произнося слова, слушая, сопереживая, в первую очередь, стремится именно к этому.

Вот такие несложные правила позволяют самым эффективным образом решить множество вопросов.

В этом курсе вы найдете множество упражнений. Они проводились в семейном кругу: собиралось несколько пар, не больше шести, и вместе, по указанным выше правилам, на протяжении десяти трехчасовых занятий, поддерживая друг друга, помогая друг другу, советуясь друг с другом, пытались добиться положительного результата.

В подавляющем большинстве случаев, это привело к впечатляющему прогрессу в их отношениях.

Поэтому, мы и вам рекомендуем проводить данные упражнения в семейном кругу. Так вы непременно добьетесь успеха.

Но, об этом – чуть позже.

ГОРА ПЕРВАЯ

ГОРА ПЕРВАЯ – признание различий и уважение индивидуальных свойств партнера. Чтобы подняться на эту гору, нужно научиться уважать и беречь индивидуальность друг друга и понимать, что мужчины и женщины – совершенно разные существа. Говорят, что они – с разных планет. Мы скажем так: «Они из разных миров».

Вопрос молодой женщины: «Смогу ли я когда-нибудь понять своего мужа, а он – меня?».

Ответ: «Да. Хотя, конечно, это трудно, потому что мы, мужчины и женщины, разные, очень разные».

Чем мы отличаемся друг от друга?

Мужское начало – это потребность творить, действовать, влиять, вести за собой и дарить. Женское – получать, принимать, распределять, идти навстречу своему мужчине. Женщина подобна сосуду для получения наполнения, радости и изобилия, мужчина – той силе, энергии, которая наполняет и оберегает этот сосуд.

Мужчина подобен небу, дающему дождь и солнечные лучи, а женщина – Земле, принимающей живительную влагу и энергию Солнца и взращивающей плоды.

Действие женщины также можно сравнить с кувшином, который придает форму налитому в него молоку.

Мужчина – тот, кто соединяется с внешним миром, чтобы привнести в жизнь женщины энергию, информацию, развить все это и передать ей. Она это принимает и развивает по программе, которая заложена в ней природой.

Женщина подобна дому. Обстановка, порядок, красота, уют – все это создается по ее желанию, по ее требованию. Она воспитывает детей, ведет хозяйство, готовит пищу, встречает мужа.

Мужчина – это тот, кто своей энергией, мыслью и заботой реализует ее желания, исполняет задуманное в ответ на ее просьбы, находясь большую часть жизни вне дома.

Играя роль дающей, созидающей силы, мужчины нуждаются в самоутверждении в собственных глазах, в глазах друзей и, конечно же, женщин. Им постоянно необходимо доказывать собственное превосходство, то, что они сильнее, богаче, талантливее, могущественнее других. Только тот из них чувствует себя реализовавшим свои способности, кто дал всему миру, в том числе и женщинам, какие-то необыкновенные результаты и достижения. Новые технологии, сверхскоростные компьютеры и автомобили, полеты в космос, прорывы в области ядерной физики, открытия в генной инженерии, будоражащие воображение социальные и философские идеи, завораживающие произведения искусства, могущество, устроенное на власти и деньгах, невероятные спортивные рекорды – все это их игрушки. Планы, фантазии, игры – мужской мозг постоянно погружен в это.

Женщина же близка к природе. Ее не заманишь всеми этими играми, которые создает для себя мужчина. Она соизмеряет свою жизнь с уверенностью в сегодняшнем и завтрашнем дне для себя и детей, а на следующем этапе – с уверенностью в развитии личности, собственной духовной реализации. Поэтому для нее так важна взаимная забота, помощь, поддержка и общение. Поэтому для нее так важно все то, что приводит к миру, покою, сохранению, сбережению, приумножению, улучшению, украшению, совершенствованию и росту.

Можно привести бесчисленное множество примеров. Наше различие – это настоящий подарок природы, благодаря которому, правильно соединяя эти разные начала, мы можем жить счастливо.

Кроме того, следует признать неповторимую индивидуальность – свою и своего партнера, и оберегать их.

Ваш партнер из множества других людей выбрал именно вас. Почему? Потому что вы особенная личность, не такая, как все. Именно этим вы и привлекли его.

Вы из множества других людей выбрали именно его – вашего партнера. Почему? Потому что он особенная личность, не такая, как все. Именно этим он и привлек вас.

Интересным примером является человеческое тело. Разные органы, миллиарды разных клеток. И только потому, что они разные, и каждый из них выполняет именно свою работу, имеет свое индивидуальное задание – вместе они составляют единый организм, способный жить и развиваться.

Каждый мужчина – проводник энергии и силы жизни, делающий это совершенно уникальным и присущим только ему образом. Именно это дает ему ощущение полноты жизни и того, что он – мужчина. Женщине не только бесполезно, но даже вредно переделывать его. Периодически мужчина сам отрабатывает свой прежний жизненный план и устремляется в новом направлении.

Каждая женщина – уникальный и неповторимый сосуд, в который она принимает его энергию и усилия, и распределяет их. Мужчина не сможет ничего изменить в нем, разве что только укрепить его и поддержать.

Вопросы для круглого стола:
- К чему приводит наше безразличие к различию в природе мужчины и женщины? К чему приводит неуважение индивидуальных свойств партнера?
- Что поможет нам помнить об этом постоянно?
- Как изменится наша жизнь, если нам это удастся?

САМОЕ МАЛОЕ ИЗ ТОГО, ЧТО НАДО ЗНАТЬ ПРИ ВОСХОЖДЕНИИ НА ПЕРВУЮ ГОРУ

Мужчины и женщины – существа из разных миров.

Мужское начало – это потребность творить, действовать, влиять, вести за собой и даровать изобилие и защиту своей женщине, своим детям.

Женское начало – это желание получать, принимать, распределять блага, идти навстречу своему мужчине.

Каждый мужчина – проводник энергии и силы жизни, делающий это совершенно уникальным и присущим только ему образом.

Каждая женщина – уникальный и неповторимый сосуд, принимающий мужскую энергию и усилия, и распределяющий их.

Мужчине и женщине вредно и бесполезно переделывать друг друга. Вам никогда не удастся изменить другого человека.

Так же точно, бесполезно и вредно переделывать себя, чтобы казаться лучше перед вашим партнером, – оставайтесь тем, кто вы есть, – это лучшее, что вы можете сделать в любой ситуации. Всегда и везде – будьте собой.

ГОРА ВТОРАЯ

ГОРА ВТОРАЯ – знакомство. Чтобы подняться на эту гору, нужно составить карту ваших семейных отношений. Какие у вас и у вашего партнера интересы в жизни? Что у вас схожего, и какие у вас отличия? Замечательно, если обнаружится, что у вас в жизни есть одна общая, большая цель, идеальная мечта, прекрасный образ светлого будущего, к которому должны привести вас ваши отношения, если вы объедините свои усилия самым совершенным образом.

Вопрос молодого мужчины: «Моя жена, Елена, увлеклась эзотерикой, забросила домашнее хозяйство, пропадает вечерами, достает своими проповедями и нравоучениями. Я тяжело работаю, люблю писать стихи, которые ее совершенно не интересуют. Пропасть между нами растет, и это меня пугает. Что делать?».

Ответ. «В чем ошибка этой пары? Им следовало до вступления в брак больше узнать об интересах друг друга».

Просто сесть рядом и расспросить друг друга о своих увлечениях, друзьях, мечтах, планах на жизнь, о главной цели – какая она у каждого из них? О случаях, которые запомнились больше всего, о прекрасных событиях детства, о тех людях, которыми они восторгаются, и почему. О врагах и соперниках, тайных амбициях. О любимых: цветах, ресторанных блюдах, книгах, рок-группах, фильмах. О том, какие медицинские проблемы их волнуют. О том, что больше всего радует или расстраивает.

Есть сотни, тысячи вопросов для общего обсуждения.

Так они узнали бы, что будет держать их вместе спустя годы, когда утихнет страсть.

Так Виктор узнал бы, что Елена хочет от него получить, чтобы быть счастливой и наслаждаться как женщина, а Елена узнала бы, что можно ожидать от Виктора, что он может и хочет ей дать как мужчина.

Помните, что природное назначение мужчины – добывать, действовать и дарить, а женщины – получать, устраивать и развивать.

Но при этом, мужчине всегда легче добыть и отдать женщине то, что он умеет и любит, по своим характерным свойствам.

А характеры у мужчин разные, как и у женщин. Есть вполне довольные тем, что есть семья, дом, дети, работа, покой и секс – они не тянутся к большему. Есть мужчины, которые стремятся к большим деньгам, жаждут почестей и славы или жизни своей не щадят в стремлении к власти. Есть те, что стремятся постичь знания и мудрость или отдают все свои силы, служа добру и милосердию. Есть те, кто посвящает свою жизнь религии. И, конечно же, есть те, кто бунтует и восстает против всего, находя именно в отрицании главную радость и удовольствие жизни.

Женщины, ищите мужчину, способного наполнить вас, что возможно только при совпадении целей. Согласно своей природе ваш мужчина, в этом случае, будет счастлив оттого, что его действия, оказывается, нужны не только ему, но и вам, желаемы вами, наслаждают вас. В результате, он будет творить с удвоенной, удесятеренной энергией, наполняясь гордостью за свое правильно реализуемое мужское начало, приумножая и личное, и ваше счастье многократно.

Мужчины, ищите такую женщину, которая хочет получать то, что вы способны ей дать.

Замечательно, если сразу же обнаружится, что у вас в жизни есть одна общая большая цель, и вы с партнером всегда «на одной волне».

А если – нет? Если вы разные, но, не смотря на это, хотите быть вместе?

Например, вы представитель власти, а партнер – художник. Или вы археолог, любитель путешествий, а он – типичный домосед?

Не пугайтесь: ваш союз может стать еще более счастливым и прочным, чем в случае людей с близкими устремлениями.

Просто читайте наш курс дальше.

Теперь о главном – об общей прекрасной цели.

УПРАЖНЕНИЕ «РОЗОВАЯ МЕЧТА»

Нарисуйте себе некую «удивительную мечту», картину полной гармонии, точку наивысшего совершенства, к которой может прийти ваш союз.

Представьте себе и опишите друг другу супружеское единение, в котором муж и жена становятся одним целым и живут счастливой жизнью. Представьте себе такую точку единства, в которой вы не подавляете, не ограничиваете, друг друга, но восполняете. Добавляйте к этой картине все новые и новые детали, чтобы это стало реалистично, осязаемо, чтобы точно, в подробностях знать, чего вы хотите.

В этой точке единства все ваши требования друг к другу могут найти правильное применение, если вы найдете высший общий знаменатель, то, к чему действительно стоит стремиться в этой жизни. Обрисовав эту картину, вы увидите далее, насколько вам надо помогать и уступать друг другу, чтобы достичь этой цели.

Можете пойти дальше – зафиксировать это состояние и пытаться относиться друг к другу так, как будто вы уже находитесь там, поддерживая друг друга, чтобы не упасть оттуда. Пробуйте взаимодействовать друг с другом из этого совершенного состояния. Если вдруг ваш партнер начинает раздражать вас, или что-то вас беспокоит, – пытайтесь вернуться к возвышенному состоянию, исправив то обстоятельство, которое привело к нарушению.

Теперь скажите, можете ли вы вообще представить себе своего партнера в вашей идеальной картине?

А. Да.
Б. Нет.
В. Да, если он кое-что в себе подправит.
Г. Да, но мне надо кое-что в себе подправить, чтобы мы с партнером оказались там вместе.

Попробуйте!

Если у вас получится, мы будем рады за вас.

Если нет, то мы надеемся, что наш курс вам поможет в этом. В любом случае, это упражнение даст вам пищу для размышлений.

УПРАЖНЕНИЕ «ЗНАКОМСТВО»

Что вы расскажете о себе и что захотите узнать о своем партнере? Мы начнем, предложив восемь тем, и предлагаем вам продолжить, добавив, как минимум, две своих темы для обсуждения.

Говоря, друг о друге, придерживайтесь следующего правила: каждый рассказывает о себе и о партнере в третьем лице. Причем, не только в этом упражнении, но и во всех других, которые мы предложим вам в этой книге. Это очень важно. Назовем его: «правило номер один».

Как это сделать?

Представьте себе: вы сидите с партнером за общим столом, друг против друга. Уже вечер. Горят свечи, открыта бутылка хорошего вина.

Вы ставите на стол двух театральных кукол, играющих в представлении под названием «Жизнь» – это вы. Вы исследуете их такими, какими природа, родительские гены и окружавшее их в течение жизни общество сделали – с присущими только им свойствами и качествами.

Разве могут они, эти совершенно несамостоятельные создания, эти продукты окружающей среды, быть другими? Разве могут поступать иначе, говорить что-то другое, желать иного? В конечном итоге, все решают не они, а режиссер – природа.

В беседе с партнером каждый должен быть еще более открытым, нежели с собой. Быть откровенным – это значит преодолеть собственные ограничения, собственно «я», каждому говорить о себе в третьем лице, не находиться во власти своих импульсов, желаний, свойств.

Отключиться от себя.

Вы лишь добрые, внимательные и беспристрастные зрители, сторонние наблюдатели за двумя театральными куклами, играющими в спектакле под названием «Жизнь» и носящими ваши имена.

Если вы выполните это несложное правило, то сможете увидеть не свои собственные проблемы, обиды и горести но, нечто гораздо большее, касающееся вас обоих.

Если забудете о нем, то результат упражнения будет другим – скорее всего, вы просто поругаетесь.

Итак, восемь тем:
- Родители.
- Друзья.
- Случаи из жизни, которые запомнились больше всего, прекрасные события детства.
- Страхи, опасения.
- Увлечения.
- Любимые: цвета, ресторанные блюда, книги, рок-группы, фильмы.
- О том, какие медицинские проблемы волнуют.
- Ваши неисправимые недостатки и вредные привычки, от которых страдают другие, и от которых вы, по всей видимости, никогда не сможете избавиться.

УПРАЖНЕНИЕ «ЧЕГО МЫ ХОТИМ ОТ ЭТОЙ ЖИЗНИ?»

Какие планы на жизнь у вас, и какие – у вашего партнера? Мы начнем, предложив пять тем, и предлагаем вам продолжить, добавив, как минимум, две темы для совместного обсуждения.
- Случаи из жизни, которые запомнились больше всего, прекрасные события детства.
- Сколько детей мы хотим.
- В каком городе хотели бы жить.
- Каким бы любимым делом каждый из нас хотел бы заниматься всю свою жизнь.
- Какую цель для своего союза мы считаем великой и достойной?

Каким именно будет наше совершенное, прекрасное состояние в случае достижения этой цели? Что мы будем чувствовать, в том числе, и в отношении друг друга?

Завершая этот раздел, вспомним о семьях, прошедших те же самые упражнения и состояния, использовавших силу единства и «коллективного разума» по правилам «круглых столов».

Надо признать, впечатлений, по окончании выполнения упражнений, было много. Участники отметили его несомненную пользу, в следующем:

- ПОНИМАНИЕ. Они гораздо ближе узнали друг друга. Даже те пары, которые в браке больше десяти лет. Пришло понимание некоторых особенностей в поведении партнера: «Вот почему она боится темноты! Вот отчего он так любит одиночество! Вот почему она никому не доверяет! Вот почему он так бережлив и скуп! Вот почему он вынесет все в жизни, кроме слов: "Ты неудачник!"»«. Некоторые говорили: «Бог мой! Мы впервые поговорили «по душам»! Всю жизнь нам мешало что-то: отсутствие времени, ложная скромность, боязнь быть непонятым и отторгнутым партнером. В итоге, какая ерунда – все эти страхи и опасения! То, что мы открыли друг в друге, стоит гораздо большего. Этому просто нет цены!».
- СБЛИЖЕНИЕ. Раскрытие скрытых деталей процесса воспитания и взросления партнера, его взрослой жизни, помогло парам сблизиться. То, что разделяло партнеров, держало их на расстоянии, вдруг стало простым, понятным и общим. Непонимание ушло, освободив место для подлинной близости и восторженного единства. Некоторые были признательны до слез: «Это невероятно, но мы впервые ощутили себя семьей – и это оказалось так просто! Все, что требовалось для этого – просто сесть рядом и раскрыть сердца друг другу!». Многим помогло то самое правило: смотреть друг на друга как бы со стороны, беспристрастными глазами наблюдателей.
- ПРЕОДОЛЕНИЕ. Создавая образ общего светлого будущего, многие пары отметили, что впускают туда своего партнера не радостно и безоговорочно, но с некоторыми оговорками, большими и малыми, принципиальными и не очень. Это их озадачило. Но ощущение бли-

зости было столь сильно, что участники эксперимента были уверены: они общими усилиями преодолеют и эти недоразумения. Тем более, на фоне раскрывшейся взаимной заботы и сердечной теплоты, они не казались уже такими большими.

- ПОДДЕРЖКА. Окружение других семей оказывало огромную поддержку. Видя, что у других семей есть те же самые, что и у них, проблемы, никто не считал себя «белой вороной». Ощущая решимость соседей преодолеть разногласия, многие пары впитывали ее и приобретали такую же точно уверенность в том, что все у них получится – общими усилиями, поддержкой друг друга.
- ВЫБОР. Многие поняли: бесполезно переделывать партнера. Все, что есть в нем, обусловлено родительскими генами, условиями его воспитания, окружением, в котором он находился, испытывая на себе его определяющее влияние. Чаще всего, ваш партнер очарователен и хорош – иначе стали бы вы связывать с ним жизнь? В чем-то он несносен, даже плох. Так что – разойтись или принять и полюбить его таким, какой он есть.

Все, без исключения, выбрали второе.

- ОБЩЕЕ ПОЛЕ. Кроме того, все отметили, что положительные результаты от упражнений были, вне всякого сомнения, связаны с работой группы – по тем самым правилам «круглых столов». Поле тепла, внимания и заботы, созданное общими усилиями, проявившееся между участниками эксперимента, мягко и нежно вело всех вперед, оберегая и поддерживая в трудных ситуациях.

Вопросы для круглого стола:
- Есть ли перспективы у семейного союза, в котором мужчина и женщина имеют разные цели в жизни, к моменту, когда утихнет страсть?
- Какая жизненная цель в семейном союзе является наи-

- более сближающей и великой?
- Как добиться единства и гармонии в семье, если у супругов различные цели в жизни?

САМОЕ МАЛОЕ ИЗ ТОГО, ЧТО НЕОБХОДИМО ЗНАТЬ ПРИ ВОСХОЖДЕНИИ НА ВТОРУЮ ГОРУ

Составьте как можно более подробную карту своих будущих семейных отношений: как вы их видите, и как их видит ваш партнер.

Не упускайте из виду ни одной детали, сколь бы незначительной она вам не казалась.

Для начала просто сядьте рядом и расспросите друг друга – друг о друге.

Замечательно, если обнаружится, что у вас в жизни есть одна общая большая цель, «идеальная мечта», «прекрасный образ» светлого будущего, к которому должны прийти ваши отношения, если вы объедините свои усилия самым лучшим и совершенным образом.

Если она есть у вас, попытайтесь уже сейчас жить в этом состоянии совершенства, иногда теряя его, но, непременно, общими усилиями возвращаясь к нему вновь.

Гора третья – постоянное обновление отношений. Чтобы подняться на эту гору, нужно научиться периодически непринужденно и весело флиртовать друг с другом, как в первые дни знакомства.

Есть семейные пары, которые женаты долгое время: десять и более лет. Раньше они очень любили друг друга – теперь чувствуют, что чувства затухают, секс не доставляет удовольствия – по сути, их держат вместе только дети, совместное имущество, привычка, мнение окружающих... Что им делать?

Ответ прост. Всю жизнь флиртуйте друг с другом, как в дни знакомства.

Что это значит?

Ваш партнер должен понимать, что вы не всегда для него доступны. Он должен видеть, чем чаще, тем лучше, что вы не всегда безоговорочно принадлежите ему, находитесь в его подчинении и власти.

Иногда он должен ощущать, ясно и недвусмысленно, что вы принадлежите исключительно себе – и только, что вы свободны от него полностью, несмотря ни на что: дети, годы прожитой жизни, общий дом, родственники и знакомые…

Вот так вот. Мы не шутим.

Потому что любое удовольствие только тогда максимально и полноценно, когда его недостает. Любое наслаждение только тогда ощущается, как вожделенное и жизненно необходимое, когда за ним приходится гоняться, когда его необходимо добиваться долго и упорно, значительное время, прилагая большие усилия, преодолевая невероятные трудности.

Пустыня. Изможденные, умирающие от жажды путники, еле передвигающие ноги. Их рты высохли, тела обезвожены. Они в пути долгие месяцы. Нет надежды на спасение. Был бы глоток воды – за него можно отдать и жизнь. И вдруг – оазис! Несколько пальм, и живительный источник в их благодатной тени. Вода чистая и холодная. Еще несколько шагов, и… О! Какое наслаждение – огромное, несравнимое ни с чем.

Вы все поняли.

В семейных отношениях мы должны всегда испытывать голод, новое желание, еще более сильное, чем предыдущее, мы должны желать раскрыть партнера еще глубже, удивляться ему еще сильнее, любить его еще больше.

Когда супруги полностью раскрываются друг другу, в их отношениях уже нет прежнего вкуса. Поэтому, чтобы снова появился интерес, надо периодически скрываться друг от друга, становиться недоступными, флиртовать.

Как это сделать?

Мы дадим вам десять советов – «от обратного». Они будут называться так: «Как убить интерес друг к другу».

- Никогда не обновляйте одежду, прическу и свой стиль. Зачем трудиться, как в то время, когда вы завоевывали своего партнера, стремились понравиться ему? Все кончено – он давно уже рядом с вами. Можно расслабиться и носить один любимый комплект одежды. Парикмахер? Он знает, какую стрижку нужно делать. Тем более, времени ни на что не хватает – нужно бежать, торопиться, чтобы успеть все.

- Будьте понятны и предсказуемы для своего партнера. Зачем удивлять его новыми идеями, разными фантазиями, нестандартными выходками? Он трудится, «не покладая рук», на его плечах – дом, хозяйство, дети, родственники. Тут не до шуток. Успеть бы купить продукты, забежать в банк, поужинать и прочитать детям сказку на ночь. А завтра – новый день, полный забот. Так что – шутки в сторону. Мы уже не так молоды, чтобы приклеивать себе бороду, усы и изображать сказочного персонажа. Нужно быть серьезнее.

- Имейте стабильный и незыблемый распорядок дня, если хотите, в нашем бушующем мире сохранить самообладание и покой: сон, дети – в детский сад и школу, транспорт, работа. Звонок супругу и маме, транспорт, хозяйственные заботы, время с детьми, ужин, отдых у телевизора, сон. Что может быть лучше простой, понятной и размеренной жизни? Никаких сюрпризов.

- Если вы всю жизнь были «жаворонком», глупо пытаться стать «совой». Если вы всю жизнь прожили в квартире, где вами облюбован каждый угол, не стоит менять ее на лучшую, даже если у вас появились деньги. Старая машина барахлит иногда, но она гораздо более предсказуема, чем новая, тем более, при продаже и покупке могут обмануть. Стабильность – это главное.

- Зачем часто путешествовать? Все эти далекие сказочные страны, удивительные города… Проще и дешевле увидеть все это по телевизору. А отдыхать, как обычно, на даче, в обжитом и безопасном месте. Тем более, на сэкономленные деньги можно будет купить детям велосипед и роликовые коньки. Кстати, если кому неинтересно, он может копать грядки и красить забор, после этого сон, глубокий и долгий.

- Никогда не проводите время без своего партнера, даже если вам этого очень захочется. Соседи по гаражу зовут отметить приобретение нового автомобиля? Подруги приглашают вас на ускоренные курсы аргентинского танго? Начальник хочет отправить вас в командировку в Париж? Коллеги по работе настаивают на вашем участии в пикнике, посвященном двадцатилетию компании? Школьные друзья хотят увидеть вас на встрече одноклассников? Откажитесь от всего этого! Не пробуйте ни в коем случае! Что подумает ваш партнер? Несомненно, он будет волноваться, и ваши отношения ухудшатся. Вам это надо?

- Только в крайних случаях знакомьтесь с новыми людьми и вступайте в общение с ними. Вдруг у вас появится соблазн? А что, если ваш партнер будет ревновать? Его нервозное настроение, безусловно, передастся и вам. Зачем вам лишние выяснения, объяснения, оправдания?

- Если у вас появилось желание написать песню, стихотворение, книгу, нарисовать картину, завести блог или страничку в социальной сети, забудьте о нем, немедленно. Что подумает ваш партнер? Вдруг, вы там с кем-то затеяли романтическую переписку? Вдруг ваша самодеятельность пришлась кому-то по вкусу, и у вас появятся поклонники и почитатели творчества противоположного пола? Что скажет на это ваша вторая половина? Какова будет реакция на то, что вы вечерами сидите у компьютера или задерживаетесь на работе, или в транспорте часто утыкаетесь в планшет, или даже иногда уезжаете на дачу в гордом одиночестве, чтобы заняться любимым делом? Вам нужны косые взгляды, недоверие? Поберегите лучше нервы.

- Не занимайтесь ерундой и не тратьте семейные деньги попусту. Коньки, горные лыжи, туристические походы, поездки в новые города, романтические ужины на природе, приобретение домашних животных, визиты к со-

седям, болтающим попусту обо всем подряд, зачем все это вам?
- Подстраивайтесь под партнера, подавляйте свои желания. И требуйте от него того же. Мало ли чего вы хотите, например, в сексе. Есть такие желания, о которых стыдно даже подумать, не то, чтобы высказать их партнеру. Как он к вам отнесется? Вдруг, он посчитает вас извращенной, нездоровой личностью? Один раз скажешь – потом на неделю будет обид, разговоров и проблем. Лучше жить старым, размеренным способом.

Последняя затронутая тема чрезвычайно важна.

Секс. Он всегда лежит в основе наших мыслей, даже если нам кажется, что мы не думаем о нем.

Супруги Ранкел в своей книге «Брак без крика», так говорят на эту тему: «Как часто мы обнаруживаем себя застрявшими между безопасностью и сексуальностью, не знающими, в какую сторону свернуть. Дело в том, что для многих из нас «трепет», о котором ведется речь, когда земля уходит из-под ног, возможен лишь на грани между надежностью и опасностью. И это походит на несбыточную мечту. Возможно, мы полагаем, что это доступно только красивым или молодым, или одиноким, или богатым. Но не нам, скучным женатым людям, ограниченным рамками безопасности и стабильности.

И что же мы делаем? Мы заканчиваем ограниченностью. Мы ограничиваемся старыми сексуальными паттернами. Боимся раскачивать лодку или кровать, потому что опасаемся, что если будем искать слишком многого, то получим еще меньше. Возможно, мы боимся, что будем чувствовать себя глупо или испытывать смущение, или супруг просто отвергнет нас. А может быть, мы боимся близости, истинной близости? Боимся познать супруга и быть познанным им?».[1]

Замечательно сказано, не правда ли?

---

[1] Брак без крика и ссор. Хэл Эдвард Ранкел, Дженни Ранкел. – М.: Эксмо, 2013, стр. 159.

Известный исследователь в области отношений мужчин и женщин, Джон Грэй пишет: «Мужчины в своих отношениях с женщинами то отдаляются, то приближаются. Женщины испытывают взлеты и спады в возможности любить себя и других».

«Конечно, мужчина может отдалиться от партнерши, когда его оттолкнули, однако он делает это и в тех случаях, когда она абсолютно ничем перед ним не провинилась. Да, он любит ее, да, доверяет – и внезапно «оттягивается». А затем, как резиновая лента, снова возвращается на место – и опять-таки сам, без всякого участия подруги… Мужчина «оттягивается», чтобы удовлетворить свою потребность в независимости и самостоятельности. Практически полностью отдалившись от партнерши, он начинает испытывать жгучую потребность вновь ощутить ее любовь и заботу. Это еще больше побуждает его отдавать ей свою любовь и получать от нее ту, которая нужна ему».

Теперь – о женщинах.

«Мужчина полагает, что внезапная смена настроений женщины связана исключительно с его поведением. Когда она счастлива, он горд и доволен, когда ей плохо, он чувствует себя ответственным за это. Этот спад женщины подобен спуску в темный колодец. Женщина сознательно погружается в подсознание, во тьму и неясность чувств. На нее вдруг может налететь целый вихрь необъяснимых эмоций и смутных ощущений. Но вскоре после того, как она достигнет дна, ей автоматически станет лучше. Столь же внезапно, как она рухнула в бездну, женщина автоматически восстает из нее, чтобы снова излучать любовь. Падение женщины в колодец – не вина мужчины».

«Если не поддержать женщину в ее праве на то, чтобы чувствовать себя время от времени несчастной, она никогда не сможет ощутить себя по-настоящему счастливой».[2]

Удивительно точное наблюдение.

---

2   Джон Грэй. «Марс и Венера: как сохранить любовь» София, 2011, стр. 73, 63, 77, 85.

Почему природа так устроила? Почему она вложила в мужские и женские гены эти странные колебания в отношении к партнеру?

Ответ один, и он напрашивается сам собой: чтобы их отношения, благодаря этому вынужденному, генетическому флирту стали прочнее. Любое отдаление пробуждает желание к сближению. Зачем природе следить за крепостью отношений в паре? Чтобы они смогли сохранить, вырастить потомство, и род человеческий продолжился.

Ричард Темплар, автор книги «Правила любви», дает схожий совет: «Если вы все свое время проводите только вдвоем и превратились в гибрид, состоящий из частей каждого из вас, то в конце концов просто перестанете видеть в партнере того человека, которого когда-то полюбили. И это не окажет положительного влияния на ваши отношения, потому что в таких условиях любовь теряет свою искорку, свою магию и становится просто обыденностью. Самое главное – признать, что когда партнеру хочется заняться чем-то своим – это не наступление на ваши права. Личное время и пространство – это то, что необходимо человеку для самоутверждения. Это лучший способ поддерживать отношения и оставаться счастливыми, если не позволять ему (ей) этого, вы потеряете любимого».[3]

Мы же скажем в завершение, что, если ваш партнер, как вам кажется, отдалился от вас физически или внутренне, не надо укорять его, гоняться за ним с излишними претензиями и вопросами или в отчаянии рвать на себе волосы. Уважая потребность партнера побыть наедине и разобраться в себе самом, лучше оказать ему свое, пусть даже молчаливое, внимание и сочувствие. Стоит продемонстрировать ему свое желание принять его таким, какой он есть, оказать ему любую необходимую поддержку.

Тем более что некоторое контролируемое отдаление, в итоге, как правило, приводит к тому, что отношения становятся желаннее и крепче.

---

[3] Джон Грэй. «Марс и Венера: как сохранить любовь» София, 2011, стр. 73, 63, 77, 85.

Вопросы для круглого стола:

- Приведите примеры удачного обновления отношений из жизни ваших друзей, знакомых.
- Есть ли примеры обновления в природе? Может быть, обновление, отказ от старого – это природный закон?
- Как изменится наша земная жизнь, если человечеству удастся найти секрет постоянного обновления в каждой семье снова и снова?

САМОЕ МАЛОЕ ИЗ ТОГО, ЧТО НЕОБХОДИМО ЗНАТЬ ПРИ ВОСХОЖДЕНИИ НА ТРЕТЬЮ ГОРУ

- Всю жизнь флиртуйте друг с другом, как в дни знакомства.
- Ваш партнер должен ощущать, что вы не всегда для него доступны, не всегда принадлежите ему абсолютно.
- Уважайте личное пространство друг друга. Не обижайтесь, когда ваш партнер требует некоторой свободы.
- Удивляйте друг друга новыми идеями, играми, планами на жизнь и внешним видом.
- Совершенствуйте и обновляйте свои сексуальные отношения.

ГОРА ЧЕТВЕРТАЯ

ГОРА ЧЕТВЕРТАЯ – корректировка карты семейных отношений путем общения друг с другом. Чтобы подняться на эту гору, мы рекомендуем практиковать одно невероятно эффективное и простое упражнение, назовем его так: «Горькая начинка, покрытая толстым слоем шоколада, или чего, в итоге всего пройденного вместе, мы хотим друг от друга?».

Вопрос семейной пары: «В начале семейной жизни у нас было полное взаимопонимание и любовь. Прошло пять лет, и все это улетучилось, как дым. Как вернуть утраченное?».

Ответ: «В рамках восхождения на четвертую гору, мы опишем одно полезное упражнение, которое, на наш взгляд, является самым действенным для создания крепкой, успешной и счастливой семьи».

Где мужчины и женщины ощущают жизнь в своих семейных отношениях? Разумеется, внутри этих отношений, внутри их соединения друг с другом, внутри того, что является для них взаимным, проясненным, общим.

 Не где-то вовне, а в том, как ее образ, живущий в нем, и его образ, живущий в ней, соединяются между собой. Эти взаимные образы могут связаться настолько, что превратятся в одно целое.

Это нужно для того, чтобы периодически, не жалея времени и сил, дорабатывать их и совершенствовать эту связь.

Это упражнение несложное. Более того, так или иначе, мы все его выполняем в жизни. Например, говоря с начальником, каждый представляет себе его образ, и на основе этого представления решает, как себя вести.

УПРАЖНЕНИЕ «ВСЕ ПРИГРЕШЕНИЯ ПОКРОЕТ ЛЮБОВЬ»

И как это сделать? – В три этапа.

Первый этап назовем так: «Горькая начинка».

На этом этапе упражнения партнеры вместе беспристрастно разбирают свои негативные стороны. Они говорят друг другу о своих взаимных претензиях. Они договариваются заранее, что никто не уйдет, не уклонится от разговора, ничего не скроет, не утаит. Без стеснения и страха они рассказывают друг другу о своих мечтах, надеждах, чаяниях, подозрениях, порывах, страстях, привычках и о том, как и почему, по их мнению, эти качества смущают партнера. Они могут вести разговор при свечах, открыв бутылку дорогого вина, но при всем этом каждый предельно открыт, обнажен перед своей второй половиной. Они не хвалят, не обвиняют, – только беспристрастно констатируют факты, глядя на себя и на партнера со стороны. Глазами любви.

Второй назовем так: «Толстый слой шоколада».

Мы покрываем негатив позитивом, словно горькую коньячную начинку шоколадной глазурью. Для этого мы «хороним» всё плохое, как будто его и нет, и начинаем раздавать друг другу комплименты, со всех сторон обволакивая горечь этим сладким покровом. Мы приподнимаемся над тем, что нам мешает, над «преступлениями», и покрываем их любовью. Мы расточаем друг другу щедрые похвалы и смотрим друг на друга, как на нашего любимого малыша, ползающего по полу, с теплом и нежностью.

Однако мы не просто поднимаемся над тем, что нас разделяет, мы говорим друг другу о том, насколько совершенна она и совершенен он.

Вся горечь остается внутри, а снаружи – объедение: мы дарим друг другу самые великолепные и чудесные комплименты, на которые способны, рассказываем о замечательных качествах партнера, об уникальных достоинствах его личности. Мы говорим о самых сокровенных вещах, представляя их в идеальном виде.

Он смотрит на нее иначе, как в то мгновение, когда решил связать с ней свою судьбу. Это было, возможно, лучшее мгновение в его жизни, когда она была для него совершенством. Сейчас он останавливает это прекрасное время и пребывает в нем вместе с ней.

То же самое делает и Она.

Вы еще сомневаетесь, что это работает?

Проверено на многих парах: это положительно действует на партнеров. Это полностью меняет весь их отношения, включая сексуальные.

Итак, мы ведем работу на психологическом, рассудочном уровне – устраиваем «конкурс дифирамбов», но не шуточных, а глубоких и откровенных. Мы, как лучшие в мире музыканты и поэты, воспеваем, возвеличиваем друг в друге всё то, что хотим раскрыть, как противоположность критике, которая была вначале. Это уже не критический, а позитивный разбор. Тем самым мы укрепляемся в добрых намерениях по отношению друг к другу.

А затем наступает следующий этап – практический. Дела подкрепляют намерения и как бы удостоверяют их. Поэтому мы переходим к следующей стадии беседы.

Третий назовем так: «Чего она хочет от него, а он – от нее?».

Здесь каждый открывает свои чаяния, начиная с базовых, принципиальных вещей и заканчивая личными, интимными потребностями. При этом мы стараемся проникнуться желаниями партнера, его ожиданиями.

При этом мы не требуем, друг от друга несбыточных, нереальных вещей, уменьшая их, насколько это возможно, до размера насущных, которые не порицаются и не восхваляются. Мы не выставляем партнеру неоплатный счет, а соглашаемся на то, что позволяет нам жить нормальной жизнью и двигаться вперед с оптимизмом и радостью.

Разумеется, эти требования тоже носят двоякий характер: материальный и человеческий, чувственный. Но главное в них – именно взаимная поддержка.

В итоге, мы требуем от партнера лишь то немногое, что обеспечит возможность любить его.

Неожиданно обнаруживается, что наши ожидания требуют минимальных физических усилий. После правильно пройденных двух первых этапов доброе отношение и взаимопонимание постепенно наполняют нас, и к этому не нужна большая добавка «материи», потому что всё наполняется чувством.

В итоге, мы требуем друг от друга лишь того, что необходимо для любви, – остальное уже не представляется нам обязательным.

В конце каждый берет время для того, чтобы подумать и ответить: где и в чем он может пойти навстречу партнеру – или отвечает сразу же, если уверен в чем то «на все сто».

Напомним, что важнейшим правилом этого упражнения является то, что партнеры смотрят друг на друга беспристрастно, со стороны, как на театральных кукол, которых режиссер спектакля под названием «Жизнь» наделил качествами и свойствами, которые они не выбирали.

Во время упражнения не забудьте о «правиле номер один». Иначе у вас ничего не получится.

Прислушаемся к тому, что говорят на эту тему признанные знатоки в области отношений мужчины и женщины.

Великолепный Джон Грэй отмечает в книге «Марс и Венера: как сохранить любовь»: «Подавляя отрицательные чувства, вы подавляете и положительные, и тогда любовь умирает. Найдите время делиться своими чувствами».[4]

Знаменитый Стив Харви на страницах книги «Вы ничего не знаете о мужчинах» дает женщинам такие советы: «Если вы не скажете мужчине, что вам нужно нечто другое, так и будете все время получать то, что он считает достаточным и повторяет из раза в раз. Признайте: многого можно было бы избежать, если бы вы в свое время задали мужчине больше вопросов и внимательно выслушали бы на них ответы».[5]

Барбара де Анжелис, всемирно известный эксперт в области семейных отношений, в своей книге «Секреты семейного счастья» пишет: «Если в любовных отношениях вы не говорите партнеру всей правды, страсть умирает. Ведь страсть – плод

---

[4] Джон Грэй. «Марс и Венера: как сохранить любовь», София, 2011, стр. 226, стр.123.
[5] Стив Харви «Вы ничего не знаете о мужчинах», – М.: ЭКСМО, 2011. стр.165.

интенсивных чувств. Подавляя правду, вы приглушаете в себе способность чувствовать, а когда человек перестает чувствовать, он перестает и любить».[6]

«Достигая каждого нового уровня любви и близости, вы обнаруживаете, как ваша душа исторгает очередную застарелую эмоцию, которую должна излечить любовь».[7]

Автор указывает на «четыре этапа угасания любви: сопротивление, обида, отключение, подавление. Если вы подавляете чувство сопротивления, не делитесь им с партнером, напряжение усиливается и превращается во второй симптом – хроническую обиду. Если вы не говорите партнеру о своей обиде, обида накапливается и приводит вас к третьей стадии – стадии отключения. Если вы не говорите партнеру о том, что «отключились» от него, эмоциональное напряжение продолжает нарастать и выводит вас на четвертую стадию – стадию подавления. Со стороны может казаться, что такая супружеская пара вполне довольна своей жизнью. Супруги никогда не ссорятся, не спорят, всегда вежливы. А потом вы вдруг узнаете, что «идеальная супружеская пара» развелась. Они не были счастливы – они казались счастливыми. Эти люди подавляли свои неприятные эмоции, и дело закончилось тем, что они убили собственную любовь».[8]

Вам не нравится что-то в словах или в поведении партнера, вы испытываете раздражение, недовольство, но не хотите вступать в выяснение отношений «из-за мелочей»? – Это сопротивление.

Указанные выше эмоции накапливаются в вас, зачастую переходя в гнев, злобу, разочарование, вы часто испытываете чувство отторжения от партнера? – Это обида.

Вы игнорируете и отвергаете некоторые просьбы партнера, мысленно бранитесь на него, избегаете общения и сексуальных

---

[6] Барбара де Анжелис, «Секреты семейного счастья», ЭКСМО, Москва, 2013, ст. 113.
[7] Барбара де Анжелис, «Секреты семейного счастья», ЭКСМО, Москва, 2013, ст. 134.
[8] Барбара де Анжелис, «Секреты семейного счастья», ЭКСМО, Москва, 2013, ст. 118-120.

контактов с ним, утрачиваете к нему интерес, в том числе сексуальный, вы находите причины проводить время вне дома, вы начинаете мечтать о возможных отношениях с другими? – Это отключение.

Вы испытываете чувство усталости в отношениях с партнером, автоматически соглашаетесь со всем, что он вам говорит, ищете причины все-таки продолжить совместную жизнь с ним – дети, общий дом, репутация? – Это подавление.

Если вы почувствовали что-то из сказанного выше, в ваших отношениях, советуем вам, по меньшей мере, задуматься над тем, как решить эту проблему.

Барбара рекомендует супругам писать друг другу «письма любви», для того, чтобы избавиться от собственного эмоционального напряжения, сказать себе всю правду и вернуть любовь.

Мы думаем, что партнерам лучше встретиться лицом к лицу и обсудить то, что между ними происходит по тем правилам, которые мы описали, проделать упражнение «горькая начинка, покрытая толстым слоем шоколада». Если вы не уверены в своих силах, его можно выполнить в семейном кругу, состоящем из нескольких, испытывающих такие же проблемы пар, под руководством опытных инструкторов.

Оно помогло многим супругам, оказавшимся в подобной ситуации.

Вот некоторый опыт, которым поделились с нами участники этого упражнения из тех самых семейных пар, прошедших курс, те, у которых выявились подобные проблемы. Оценивая его итоги, они пришли к таким выводам, относительно себя и партнера:

- мой партнер меня все-таки понимает;
- он даже меня поддерживает, на самом деле, несмотря на разногласия;
- он уже не так сильно гневается на меня и нервничает;
- он доволен тем, что я, после всего выясненного, тоже гораздо меньше сержусь на него;
- мы с ним разобрались немного в своих чувствах и нашли подлинную причину некоторых семейных неурядиц;

- мы даже признались друг другу, что кое в чем, действительно, виноваты и задумались над тем, как быть с этим дальше;
- ушли прочь обиды, горечь, тревога, страх;
- мы чувствуем бо́льшую взаимную ответственность друг перед другом, чем до беседы;
- наша эмоциональная связь с партнером окрепла;
- нами овладели чувства прощения, понимания, признательности по отношению друг к другу;
- мы очень не хотели начинать это совместное упражнение, но все-таки сделав его, до сих пор пребываем в волнительном и трепетном восторге, и нам не хочется расставаться;
- наши сексуальные отношения обновились, улучшились, в них сильно проявилась непредсказуемость и спонтанность, ранее ограниченная старыми и привычными шаблонами поведения;
- главный результат всего, что было – мы восстановили чувственную связь друг с другом, и это будто бы вернуло нас в самое начало наших отношений, когда мы были счастливы вместе;
- далее мы хотим действовать и жить, исходя из точки теплоты и душевного единства, обнаруженной между нами.

Вот такие впечатления.

Кстати, во время занятий был задан хороший вопрос:

– Допустим, мы приступили к упражнению, по ходу которого разбираем недостатки друг друга, а затем поднимаемся над негативом, над этой «горькой начинкой», покрывая ее заботой и любовью. Но что если ожидания от этих усилий не оправдываются?

Страшно сказать, но так и должно быть. Дело в том, что «горькая начинка» всплывает постоянно, и потому мы, партнеры, не ограничиваемся одним слоем «шоколадной глазури», а добавляем еще и еще. В итоге, наш «пирог» получается пышным и сочным.

Речь идет о последовательной работе, причем, с каждым разом анализ ведется на более высокой ступени. Мы не заводим одну и ту же пластинку, не включаем один и тот же фильм – день за днем мы набираемся нового опыта и соответствующего этому понимания.

Естественно, «горькая начинка» со временем меняется. Мы оба теперь глубже разбираемся в наших взаимоотношениях, и потому между нами всплывают новые проблемы. Мы не ожидаем такого, однако, разделяющее нас злое начало, по опыту семейных отношений, периодически снова растет, и, разумеется, с каждым разом мы обнаруживаем помехи более сложные, более высокого качества.

Простой пример. «Как это может быть, – думает она, – мы раскрываем между нами любовь, и вдруг он забыл о моем дне рождения?».

Казалось бы, из-за чего тут ссориться? Разве это повод? Но мимолетное разногласие теперь может превратиться в большой конфликт, потому что на новом этапе мы видим его в другом, более высоком разрешении, под «увеличительным стеклом», приобретенным в результате сближения, по итогу всех опытов выстраивания чувственной, эмоциональной связи между нами.

Однако, это уже не просто грязь и отбросы, а удобрения, подпитывающие древо семейной жизни. Ведь мы работаем над ними, и теперь, вместо того чтобы разрушать семью и разделять нас, они позволяют нам находить еще более сокровенные точки соприкосновения, еще более глубокое взаимопонимание.

И потому мы не отчаиваемся. Напротив, мы продолжаем упражняться еще и еще, находя в этом приключении особый вкус. Именно так мы разрешаем текущие конфликты и предваряем будущие.

Любой такой случай становится темой обсуждения, основой для продвижения.

Новым приключением.

ЭРИКА И АРТЕМ. ЗНАКОМСТВО

Эрика: Меня зовут Эрика, я из Латвии. Два года назад я познакомилась со своим мужем, это было в туристической поездке в Израиле, на горе Мирон. Очень красивая встреча была, на самом деле? неожиданная, и через полгода мы расписались. Я переехала к нему в Киев, хотя в этом городе жить никогда не собиралась.

Артем: Ты знаешь, насколько я восхищаюсь тобой. В тебе проскальзывает такая мудрость какая-то, очень взрослая.

Эрика: Было немножечко неожиданно это, вообще всё. Потому что в 19 лет выйти замуж… Мы расписались еще за день до моего выпускного вечера. Это не входило в мои планы. И ты мне написал на своем i-phone: «Как у тебя дела?».

Артем: Я сказал: «Давай плавно переведем общение из виртуального мира в реальный. Вот, сейчас ты мне напишешь, ответишь в Фейсбуке, будучи на самом деле рядом со мной, и я тебе напишу в Фейсбуке, находясь около тебя, и ты снова мне ответишь, как бы виртуально». Это был плавный переход из виртуального пространства в реальный мир. Помнишь, да?

Эрика: У нас нет детей. Говорят, что если в семье нет детей, то это не семья. Но мы – потенциальная семья, и вопрос денег для меня, как женщины, – он один из самых главных, потому что мне кормить наших будущих детей. То есть мне надо об этом думать. Мужчины об этом не думают. Быть замужем, это не сложно. Вначале сложно, очень непривычно, а потом, когда люди притираются… Первый год всегда сложно, всегда надо найти точки соприкосновения.

Артем: Я нахожу в тебе много таких черт, которые есть во мне, меня это очень расслабляет, можно сказать. Я чувствую себя естественно с тобой, потому что знаю, что мне всегда будет поддержка с твоей стороны, что не будет какого-то отторжения.

Эрика: С Артемом все было легко. Я никогда не ощущала поддержки отца: у меня его не было, был отчим. И я всегда видела, что все мама делает, а тут я увидела поддержку заботу мужскую, и мне это очень понравилось.

Ты мне сказал такую фразу, что если мы будем вместе, то я не буду работать. То есть ты сразу начал открывать карты. Мне это в тебе жутко нравится, что ты не ходишь вокруг да около: как мы будем жить, как у нас будет все в розовом цвете, какое ты платье оденешь на свадьбу и так далее. Все четко и ясно и ты, образно говоря, всеми лапами стоишь на земле.

Артем: Человеку для того, чтобы ощущать себя наполненным, в этой жизни не хватает ощущения другого. Семейные отношения, это огромная возможность, бесконечный ресурс для того, чтобы быть счастливым. Сама природа помогает нам выйти в первый контакт друг с другом. Но потом снова возобладает естественное желание в человеке заботиться только о себе, оно разрушает эти первые выстроенные связи.

ГОРЬКАЯ НАЧИНКА

Эрика: Я не зарабатываю, полностью завишу от тебя. И наши деньги куда-то уходят, хотя я вижу какие-то пути, куда они могли бы уйти как бы более правильно, более рационально. Понимаешь? Меня это очень задевает. Я не знаю, как мы можем это решать вообще, эти вот вопросы…

Артем: Сейчас каждый из нас по очереди будет говорить о тех вещах, которые, как я вижу, являются недостатками.

Эрика: То есть ты будешь говорить о моих недостатках?

Артем: Я буду говорить то, что как мне кажется, является твоим недостатком, что-то, что меня ну… раздражает. Мы делаем это по очереди. Начнем с того, как начинается день, да?

Эрика: Давай. Когда приходят критические моменты в отношениях, и хочется собрать сумки и улететь куда-нибудь подальше, помогает одно незамысловатое упражнение. Какие-то маски, которые навешало общество, – их снять тяжело, без них ты стоишь, как будто бы голый перед другим человеком… Внутренне обнажить себя, это почти что невозможно, но, если мы преодолеваем себя и делаем – нам с мужем это очень помогает. Скорлупа, которая в нас есть, именно она нас сковывает, и мы никак не можем ее снять. То есть, мы добровольно идем на то, что все-таки, не смотря ни на что, ее снимаем.

Артем: По утрам меня лучше не трогать вообще. То есть, молча можно там чего-то делать – ты принеси что-то хорошее, полезное, ничего не говоря. Я внутри поблагодарю тебя за то, что ты понимаешь мое нынешнее состояние и даешь общение в таком виде, в котором я могу принять.

Эрика: То есть вообще ни в какой форме?

Артем: Дальше. Мне не нравится, когда ты чересчур эмоциональна, особенно если я знаю, что мы на людях и меня ассоциируют с тобой, и вот ты какой-то странный образ на себя одеваешь, который… я не хотел бы, чтобы его ассоциировали со мной. Но ты его показываешь. Твоя чересчур излишняя эмоциональность проявляется. Ты можешь заплакать вдруг, проявить какую-то такую (ну не знаю) сверхчувствительность, невпопад засмеяться. Может это все и уместно, но в меру. Эта мера, она не всегда тобою ощущается. Сделай то, что тебя просят.

Эрика: Кстати, мне жутко не нравится, когда ты меня учишь. Я в чужом городе, в чужой стране, мои родители далеко, мы живем с твоими родителями. У меня нет комнаты, куда я могла бы уйти и как бы вылить свои эмоции, – потому что ее просто нет. И лично меня бесит, что ты этого пытаешься не замечать, что – как бы все хорошо, все замечательно, мы живем прекрасно, ты ведь на все согласна, трали-вали. Но я не согласна! И когда это так, ты порой не слышишь, или не хочешь слышать. Ты пытаешься не замечать, делаешь вид, что не замечаешь, в итоге эта проблема – она никак не решается. И надо дойти до критической точки, поругаться и хлопнуть дверью, чтобы ты как-то начал об этом думать. Понимаешь?

Артем: Что-нибудь еще?

Эрика: Всё. Еще что-то хотела сказать, что-то меня в тебе жутко раздражает.

Артем: Когда я тебя пугаю!

Эрика: Да!

ТОЛСТЫЙ СЛОЙ ШОКОЛАДА

Эрика: Ты помнишь, как мы познакомились? Всё началось в автобусе. Там стояло восемь туристических автобусов, и в каждом сидело по семьдесят человек, – огромные такие. И меня пересаживали из первого во второй, и когда меня пересадили в третий, в русский автобус, я просто помню эту мысль «Это мой муж?». Это был шок какой-то, потому что мне тогда было 19 лет – какой муж? Нет, вообще 18 мне было.

Артем: У тебя видение какое-то было, или что?

Эрика: Нет, это было… Вот, сидишь так, и это – твой муж. Когда я прилетела в первый раз в Киев, ты меня встретил с таким маленьким милым букетиком каких-то экзотических цветов, которых я никогда не видела. И ты стоял, и у тебя был такой вид – буквально тот самый мужчина, который мне нравится. Ты такой высокий, у тебя такая бородка, ты в таком пальто красивом.

Артем: Я восхищаюсь, конечно, твоим пониманием этой женской роли. Ты готова где-то пожертвовать собой для того, чтоб сохранить правильный настрой. Ты очень милая, мне очень нравится твоя внешность. В моих глазах ты была тогда, на экскурсии, таким (можно сказать это первый день, когда я тебя помню)… Я смотрел на тебя с трепетом, с восторгом – на то, как ты двигаешься, как ты общаешься с людьми. И я глазами постоянно искал тебя в толпе, и мне было интересно, а что дальше? И когда совпадали остановки моего автобуса и твоего, я сразу выходил и искал тебя. У меня чувство было такое, ты знаешь – любовь с первого взгляда, это чувство, что что-то родное рядом. Ты – воплощение женственности для меня.

Эрика: Знаешь, оказывается, очень неудобно это слушать. Я ощущаю тебя, как очень близкого человека, но очень неудобно, когда ты – у меня мама была всегда самым близким человеком – а тут ты, тоже самый близкий человек, и говоришь мне такие вещи. Мне реально неудобно, мне хочется сказать: «Стоп, стоп, хватит, потому что я просто готова поплыть». Жуткое на самом деле состояние, но приятное, но при этом жуткое такое, неудобно, потому что хочется сразу ответить. Но ты это говоришь, и мне страшно, что я тебя просто собью.

Я очень боялась, что ты будешь жестким – вот только так и никак иначе! Но мои ожидания не оправдались. Жить в такой атмосфере понимания очень приятно. А еще мне нравится то, что ты очень подвержен, готов к изменениям, полностью подстраиваешься под человека. Я вижу, что ты меня копируешь, потому что я тебя тоже копирую. Вот это совместное копирование друг друга дает невероятное соединение, и это очень-очень классно. А еще мне нравится, что ты зарабатываешь деньги. Тебе не безразлично это, потому что для меня это важно, так как я из простой семьи и знаю, что такое жить тяжело, а ты, понимая меня, покрываешь все эти страхи. То есть ты большой такой папа, который еще и друг, и муж и всё-всё-всё. Мне это очень нравится. Ты особенный.

Я вначале говорила о материальном, потому что, когда я цепляюсь за что-то в этом мире, мне хочется видеть все стороны, даже плохие, и они, как правило, материальные, это вопрос денег, внешнего вида, того, как мы живем, что мне не нравится и так далее. Когда ты начинаешь открываться, думать о будущем, понимаешь, что материальное есть и всегда будет. Но я не хочу жить, как птичка в золотой клетке, для меня важна и внутренняя составляющая.

ЧЕГО МЫ ЖДЕМ ДРУГ ОТ ДРУГА?

Артем: Я верю, что в какие бы ситуации мы не попадали, мы сможем обернуть это в добро.

Эрика: Как только у нас началась дружба, искренность, открытость, мы поняли, что все проблемы – да, они будут, но мы их не боимся. То есть, мне не тяжело быть замужем.

Артем: Всё что происходит, мы сможем использовать для нахождения новых граней связи между нами. От Эрики я жду более вкусной еды, немножко большей заботы обо мне.

Эрика: Действительно, я могу ему сказать открыто, что хочу от него детей, причем не боюсь сказать, что я хочу больше чем одного ребенка, потому что знаю, что от него будет поддержка.

Артем: Всегда можно начать выстраивать этот мост и ради этого можно «наступить на себя».

Эрика: Если есть желание, хотя бы маленькое, сохранить семью…

Артем: Любовь к себе перевешивает иногда любовь к другому человеку. И то, что первично впечатляло в другом стирается, и надо эту любовь воссоздавать, надо ее возрождать. И это, на самом деле, построение связей между нами, это более внутренняя потребность. И вопреки всему, что между вами есть, может быть даже плохого, и уже не хочется, и вам тяжело быть вместе, но, делая этот шаг друг другу навстречу, и будучи в этом простом и ясном направлении друг к другу… Вы этим, соединяясь между собой, будто бы рождаете между собой что-то новое, как будто бы ребенок между вами рождается, как следующее состояние какое-то, как следующая ступенька ваших отношений. Тут нечего говорить, тут надо пробовать.

Вопросы для круглого стола:
- Почему совместное обсуждение проблем в семейном кругу столь эффективно? Не случайность ли это?
- Как часто, на ваш взгляд, следует прибегать к подобному упражнению?
- Как изменится наша земная жизнь, если люди, по примеру партнеров в семье, будут таким же образом решать свои разногласия и проблемы на всех уровнях связи и взаимодействия друг с другом?

САМОЕ МАЛОЕ ИЗ ТОГО, ЧТО НУЖНО ЗНАТЬ ПРИ ВОСХОЖДЕНИИ НА ЧЕТВЕРТУЮ ГОРУ

Общайтесь друг с другом как можно чаще, при первой же возможности делитесь с партнером своими радостями и печалями, взаимными требованиями, благодарностями и теми переменами в вашем восприятии друг друга, которые с вами произошли.

Как только почувствуйте, что связь между вами прерывается, немедленно садитесь вместе и говорите друг другу всю правду о вас самих.

ГОРА ПЯТАЯ

ГОРА ПЯТАЯ – внимание и забота. Чтобы подняться на эту гору, нужно осознать важность взаимных усилий участия и заботы, которые партнерам полезно вкладывать друг в друга, чтобы сблизиться еще теснее, привязаться друг к другу еще крепче и ценить, один – другого, еще больше.

Вопрос женщины: «Я редко вижу дома своего мужа: у него много обязанностей по работе. Но я очень люблю его. Я очень боюсь и переживаю: где он, с кем? А вдруг, он совсем отдалится от меня? Скажите, как мне привязать его к себе еще больше?».

Ответ: «Если вы хотите привязать к себе партнера, дайте ему возможность сделать для вас что-то хорошее. Если вы хотите привязаться к партнеру еще больше, сделайте что-нибудь хорошее для него».

Это удивительно, но факт: больше всего мы ценим в других людях собственные усилия, вложенные в них.

Мы можем бесконечно наслаждаться тем, как наша частичка участия, наш вклад живет и развивается в них.

Так учитель радуется, когда его ученики делают успехи. В их достижениях он видит свое продолжение, ведь они блистают знаниями, полученными именно от него. Так тренер счастлив, когда его спортсмен побеждает. Ведь это он вложил в подготовку столько труда, ведь это он поделился своим бесценным опытом! Значит, победа принадлежит и ему!

Итак: вкладывайте в вашего партнера усилия, будьте к нему добры, оказывайте внимание, заботьтесь о нем, и будете ценить его больше. Предоставьте ему возможность вложить такие же усилия в вас, чтобы он больше ценил вас.

Это должно быть обоюдно:– каждый включается в другого, благодаря усилиям любви и заботы. Так создается единство. В этом единстве вы должны ощутить силу любви, проходящую через вас.

УПРАЖНЕНИЕ: «СОЗДАНИЕ ОБРАЗОВ»

Цель упражнения – еще лучше узнать друг друга, создать в себе образ партнера и соединить эти образы в один – в обоюдной любви и заботе.

1 этап: создаем новый образ каждого на данном этапе супружеской жизни

Каждый показывает, как ощущает и понимает партнера. Он предполагает, что тот любит, ненавидит, чего боится, чему радуется, от чего отдаляется, что ему близко.

Каждый рассказывает о себе в третьем лице о своих страхах, опасениях, стремлениях, желаниях – как он видит эти вещи в мире. Главное – как можно больше, выплеснуть наружу.

Партнеры сравнивают, насколько правильно они думали друг о друге, насколько понимают, чувствуют один другого, насколько правильно в каждом из них выстроен образ партнера.

2 этап: усилия любви и объединение

Каждый старается относиться к образу партнера в себе так, будто это его неотъемлемая часть. Он помещает его образ внутрь себя и взаимодействует с ним через этот образ. В чем это выражается? В том, что он теперь заботится о нем, как мать о младенце, который является для нее главным в жизни. В итоге, он вкладывает в партнера усилия любви и заботы, как в самого себя.

Это должно быть обоюдно, в таком случае между партнерами возникнет ощущение, что между ними возникло некое единство.

Если вы женщина, то принимайте вашего мужчину таким, какой он есть; доверяйте мужчине, которого вы выбрали, не пытайтесь решать за него и постоянно корректировать его поведение; проявляйте постоянную заботу о вашем мужчине, делая это с особым теплом и нежностью; всегда радуйтесь ему и благодарите за то, что он для вас сделал или пытается

сделать. Делайте это чаще, чтобы он захотел поступать так снова и снова: восхищайтесь им, хвалите его, поощряйте и вознаграждайте его. Просите его о поддержке, любви, внимании и заботе, ведь вам это необходимо – вы, как женщина, доверившаяся ему, имеете на это право. Ведь он вас любит? Тогда он насладится, выполняя ваши просьбы!

Если вы – мужчина, то уважайте индивидуальность вашей женщины, раз уж вы выбрали именно ее, не пытайтесь ее переделать, подстроить под себя; дайте женщине уверенность в завтрашнем дне, в том, что вы сможете позаботиться о ней и ее детях, если вы действительно мужчина, творящий, дающий и любящий. С вашей стороны к женщине должно быть всегда хорошее, доброе отношение, основанное на внимании и заботе. Старайтесь быть верным ей. Учитесь слушать ее, говорите ей хорошие и добрые слова и комплименты, чаще обнимайте и целуйте ее, оказывайте ей знаки внимания, дарите ей цветы и подарки.

Разговаривая со своим начальником на работе, вы общаетесь, на самом деле, не с ним. А с кем же? С его образом, который вы для себя создали за время знакомства с ним. Имеет ли он, этот образ, хоть что-то общее со своим оригиналом? Это зависит от вашей внимательности, от того, насколько тщательно вы подошли к вопросу его создания. Может быть, через секунду, вы скажете ему самую неприятную вещь на свете, думая, что делаете изысканный комплимент.

От этого зависит ваша зарплата.

Мужчины и женщины взаимодействуют друг с другом по тому же принципу. Даже, живя вместе десятки лет, они все время общаются с тем образом партнера, который выстроили в себе за долгие годы. Чтобы успешно и полностью справиться с этой задачей, до конца понять партнера, мужчины и женщины должны осознавать, в чем их различие, и как, в связи с этим, они могут наполнить чаяния и стремления друг друга, чтобы жить в радости и счастье.

От этого зависит их любовь.

Вы мужчина? В таком случае, вы должны знать, чего хочет ваша женщина, и дать ей это. Кроме того, вам желательно помнить, что может вам дать женщина, знающая вашу природу, и с благодарностью принять это от нее.

Вы женщина? В таком случае, вы должны знать, чего хочет ваш мужчина, и дать ему это. Кроме того, вам желательно помнить, что хочет вам дать мужчина, знающий ваши потребности, и с радостью принять это от него.

Ваше «Я» всегда действует через ваш образ в партнере. Если вы хотите привязаться друг к другу еще крепче, любить друг друга еще сильнее, вы должны дарить друг другу усилия любви и заботы, и принимать их друг от друга.

Если ваши образы проработаны, ясны и искренни, становится возможной та самая взаимная связь, в которой возникает, искрится и играет любовь. Она уже не между образами. Между вами самими.

Вопросы для круглого стола:

- Какие усилия внимания и заботы ожидает женщина со стороны мужчины?
- Какие усилия любви и заботы наиболее ценят мужчины со стороны женщины?
- Как изменится наша земная жизнь, если люди, по примеру партнеров в семье, будут вкладывать друг в друга усилия, заботиться друг о друге?

САМОЕ МАЛОЕ ИЗ ТОГО, ЧТО НУЖНО ЗНАТЬ ПРИ ВОСХОЖДЕНИИ НА ПЯТУЮ ГОРУ

Вкладывайте друг в друга усилия добра и заботы. При этом если вы хотите привязать к себе партнера, дайте ему возможность сделать для вас что-то хорошее. Если вы хотите привязаться к партнеру еще больше, сделайте что-нибудь хорошее для него.

Это удивительно, но факт: больше всего мы ценим в других людях собственные усилия, вложенные в них.

При этом ваше «Я» всегда действует через ваш образ в партнере, чтобы связаться с ним, чтобы наполнить все его желания и чаяния. Это процесс взаимный.

Если эти образы проработаны, ясны и искренни, становится возможной взаимная доброта и забота, в которой возникает, искрится и играет любовь.

ГОРА ШЕСТАЯ

ГОРА ШЕСТАЯ – границы дозволенного. Чтобы подняться на эту гору, нужно осознать на практике пользу от взаимных уступок и время от времени применять друг к другу «полную амнистию».

Знакомая картина: она не принимает в нем какое-то свойство, черту характера, поведение ни при каких обстоятельствах. Он терпеть не может в ней какое-то качество. Оба так расстроены, разочарованы, что часто задумываются над тем, не разойтись ли им друг с другом.

Что можно посоветовать таким парам?

Первое: на стадии знакомства установите четкие границы в отношениях друг с другом. Пусть ваш партнер знает о том, что, в его поведении, может доставить вам боль.

Например, она может сказать ему: «Если окажется, что ты – лгун, мне будет очень неприятно, потому что я совершенно не выношу в людях этого качества». А он, в свою очередь, может так ей ответить: «Предупреждаю тебя, что измена просто убьет меня. Кроме того, для меня очень болезненна такая ситуация, когда женщина не хочет иметь детей».

В дальнейшем, не бойтесь, не забывайте и не ленитесь напоминать о них, давая партнеру четкий и понятный сигнал тогда, когда он их нарушил. С другой стороны, достигнув соглашения такого рода, уважайте свою вторую половину – не меняйте правил игры.

Но что делать, если вы, на стадии знакомства, не сделали этого, не заключили между собой подобный негласный договор, и у вас с партнером возникли совершенно неразрешимые проблемы?

Можно расстаться. Но можно и решить их.
Как?

Второе: абсолютно не касайтесь тех тем, по которым вы не можете договориться, и которые непременно вызовут скандал, ссору. Установите на их табу на определенное время.

Несомненно, у вас есть что-то общее – то, что вас держит вместе: любовь, секс, дети, дом, родственные связи, друзья, совместные путешествия, замечательные увлечения, удивительные планы на жизнь, усилия внимания и заботы, вложенные друг в друга за то время, что вы знакомы, чувство уважения и признательности. Вы можете не полениться и в точности определить, что это. Выйдет некий список, некая область внутри ваших отношений, где вы близки, едины, счастливы, и ваши интересы совпадают.

Это и есть ВАША СЕМЬЯ.

Кроме того, у вас есть то, что вас разделяет самым жестким и непримиримым образом.

Это – ПОКА ЧТО НЕРЕШАЕМЫЕ ПРОБЛЕМЫ.

Несомненно, у вас возникают прочие проблемы, но вы их, каким-то образом, решаете. Как? Путем уступок и взаимных договоренностей, конечно.

Назовем эту область – РЕШАЕМЫЕ ПРОБЛЕМЫ.

Короче: решайте свои решаемые проблемы и не пытайтесь решить нерешаемые до тех пор, пока и они не станут решаемыми. До тех пор пока время не сблизит вас еще больше, в результате чего вы найдете в том, что вас разделяло, единое решение, устраивающее всех.

Разве можно этого добиться? Вполне, если только приложить усилия и выполнить третий совет.

Третье: чтобы когда-нибудь избавиться от ПОКА ЧТО НЕРЕШАЕМЫХ ПРОБЛЕМ, решайте свои РЕШАЕМЫЕ ПРОБЛЕМЫ. Делайте это красиво, доставляя друг другу радость. Лучше всего представить это в виде игры, у которой есть несложные правила, оговариваемые и принимаемые партнерами заранее:

УПРАЖНЕНИЕ «КРАСИВЫЕ УСТУПКИ»

Уступки должны быть взаимными. Ведь если вы уступаете только со своей стороны, то не получаете никакого горючего, мотивации, чтобы продолжать идти на них. Вам будет неоткуда взять для этого энергию. Только если вы видите, как партнер вкладывается в вас, прилагая усилия, это стимулирует и вас сделать то же самое по отношению к нему. А когда вы, в свою очередь, вкладываете усилия любви в него, каждый из вас получает удвоенный запас горючего, который помогает вам продолжать так действовать. Отсюда следует закон, основное правило, – нужно показывать свою готовность уступить друг другу. Это даст партнеру мотивацию для таких же действий.

Каждая уступка – это ценный подарок, который вы приготовили друг для друга. Вам нужно до невообразимых размеров поднять важность этого подарка, важность дарящего и, как можно больше, вдохновиться этой театральной радостью. Так бывает с артистами, которые полностью погружаются в образ своего героя. Она пока что еще не настоящая, эта важность, потому что вы играете. Но эта игра очень скоро превратится в правду.

Как? Вы должны показать, как сильно постарались для партнера, как много сделали усилий, чтобы сделать эту уступку и выполнить то, что хотел он, а не вы. Вам стоит рассказать о том, что было непросто, и через что в себе вы перешагнули, чтобы он был счастлив и рад. Вам не помешает дать понять ему, что ваше удовольствие от того, что он несказанно рад такому повороту дела, гораздо больше наслаждения от осознания того самого факта, что «я доказал ему, что он неправ», или что «ему следовало бы помнить, что сегодня его очередь уступать, так как вчера это делал я».

Ваш партнер должен подыграть вам, показав, что бесконечно, невероятно рад этой небольшой уступке, этому подарку.

Ему впору удивиться, как вы догадались, что он мечтал об этом весь месяц. Теперь он – на седьмом небе от счастья, и главное здесь не сам результат, сам подарок, а то отношение внимания и заботы, которое вы при этом продемонстрировали.

Допустим, вы едете с работы, устали, и вам захотелось мороженого. Вы звоните партнеру и говорите: «Такая дикая усталость сегодня, но жутко хочется мороженого! Может, купишь по дороге?». Обычно, вас ожидал такой ответ: «Сам купи, я тоже еле хожу сегодня». Но вы договорились об этой замечательной игре. И он, не без внутренних усилий, купил вам мороженое. Игра сыграна? Счастливый конец? Нет, конечно. Усложним задачку до невозможности: по дороге домой, вы его неожиданно расхотели. Но партнер бегал, старался, принес его вам, и поэтому вы обязаны вернуть себя в прежнюю ситуацию, к изначальному желанию, подстроиться к его отношению к вам. Он достает коробку, раскладывает мороженое по чашкам, ставит чайник, включает вашу любимую музыку.

Он улыбается – он думает, что доставил вам радость.

И вы должны этому соответствовать. Куда деваться? Вы обязаны достичь такого же уровня воодушевления, какое партнер вложил в этот подарок, представляя то самое ваше желание, которое когда-то возникло. Вы должны показать ему, что наслаждаетесь, – до этого были в скверном настроении, а теперь все прошло – какое счастье, весь мир преобразился!

Вы обязаны продемонстрировать ему, что сейчас он подарил вам весь этот мир, а не мороженое!

Вы должны показать партнеру всю эту радость, от которой он тоже получит хорошее настроение, удовлетворение. Он же должен понять и привыкнуть к тому, что делать друг другу уступки – самое прекрасное занятие на свете!

Итак: это отношение к нему было вами развито искусственно, но оно не фальшивое. Вы просто использовали старые желания, которые существовали в вас прежде, два часа назад, когда вам захотелось мороженого. Кроме того, вы использовали хорошее и доброе отношение партнера, его желание сделать для вас усилие заботы, в соответствии с договоренностью, и, в конечном итоге, порадовать вас.

Что в итоге?

Вы с ним достигаете общего желания, обоюдной радости, взаимного участия, а само мороженое, сама уступка – она ничего не стоит. Вы радуетесь тому, что партнер готов доставить вам удовольствие тем способом, которым может. Он счастлив оттого, что преодолел себя, свою лень, свой эгоизм, отторжение и нервозность и сделал вас немного счастливее.

Наслаждение, которое раскрылось между вами, благодаря этому, в миллиарды раз больше, чем мог доставить этот кусочек льда или тот факт, что кто-то из вас на пять минут задержался, стоял в очереди и потратил немного денег.

Вы искусственно восторгаетесь тем, насколько вкусное это мороженое, – этим вы строите новое желание, которого у вас не существовало прежде. Вы показываете, как наслаждаетесь этим деликатесом, как вы тронуты тем, что он бегал за ним. И этим действием вы вкладываете в партнера ответные усилия любви и заботы.

Тут дело вовсе не в мороженом – таким образом, вы многократно усиливаете вашу связь друг с другом.

Ведь, главное – это отношения между вами. Вы лучше узнали партнера, а он вас, вы теснее сблизились за счет какого-то копеечного продукта. Вы получили в качестве выигрыша ваши огромные желания и ощущение близости. Вы осознали радость тонкого сердечного движения навстречу друг другу. Вы развили это сами, искусственным путем.

Вот это и называется взаимными уступками. Вы понимаете, что это было наигранным. Кто-то может сказать, что это все обман и ничего не стоит. Но это не обман! Именно таким путем вы создаете новые желания.

Вы хотите, чтобы так случилось, чтобы вы научились уступать друг другу, хотя это пока что неправда. Но если вы достаточно долгое время искренне требуете, чтобы мечта воплотилась в реальность, так и будет, не сомневайтесь.

Вы притягиваете к себе именно те состояния, которые воображаете, те мысли и желания, в которые играете.

Замечали? Если вы грустны, не в настроении, вы обязательно увидите весь окружающий мир в таком виде, вам будут попадаться и заговаривать с вами только печальные люди. Если вы радостны и счастливы, даже наигранно, – весь мир предстанет перед вами в «розовом цвете». Если вы ощущаете себя богатым, к вам могут прийти деньги совершенно неожиданно. Если вы страдаете от того, что бедны, может стать еще хуже, поверьте.

Как радиоприемник, вы всегда притягиваете к себе извне именно ту волну, на которую настроены изнутри. Вы с партнером – тоже живой приемник счастья или бед, и у вас есть общая волна, направленная в мир – вибрация ВАШЕЙ СЕМЬИ.

Что придет вам в ответ?

А что вы хотите вместе?

Если вы будете долгое время вдвоем играть в радость уступок, то притянете из окружающего мира именно это состояние. Если вы будете, как и раньше, разыгрывать горечь непонимания и трагедию взаимного отторжения… Мы даже не хотим заканчивать эту фразу.

То, что было игрой, постепенно становится правдой.

Начав с мелочей, вы перейдете к более крупным проблемам. Быть может, настанет день, когда вы вдруг неожиданно поймете, что легко справляетесь с РЕШАЕМЫМИ ПРОБЛЕМАМИ.

Это будет означать, что пришло время попробовать взяться за ПОКА ЧТО НЕРЕШАЕМЫЕ ПРОБЛЕМЫ.

Задумайтесь: если решение мелких проблем приносит вам такую радость, такое ощущение взаимной чувственной связи, насколько большие – в сотни, тысячи раз – положительные эмоции может вызвать в вас преодоление чего-то невероятно сложного и непреодолимого, на первый взгляд.

Нужно играть в хорошие отношения, и за счет этой игры вы, действительно, построите их.

Четвертое. Есть еще один замечательный прием: что бы ни случилось вчера, как бы это нас ни рассорило, начинайте новый день, как ни в чем не бывало, как будто бы ничего не произошло, объявляя друг другу полную амнистию. Это закон, который очень поможет любой паре, которая отважится его принять.

Пятое. Если у вас случился конфликт или ссора, не расстраивайтесь. Отнеситесь к этому, как к прекрасной возможности выйти на новую ступень в ваших отношениях.

УПРАЖНЕНИЕ «ТОЧКИ СОПРИКОСНОВЕНИЯ»

Во время выполнения этого упражнения, не забудьте о «правиле номер один».

Выберите из всего того, что есть между вами, точки доброго контакта. Это могут быть внуки или дети. Это могут быть какие-то события, какие-то ощущения, приятные переживания из прошлого, надежды на будущее, но только самые добрые, хорошие. Соберите 10-15 таких точек и, вместе с партнером, выпишите их на листке бумаги.

Эти точки и есть ВАША СЕМЬЯ.

Сделайте то же самое с противоположными точками, которые постоянно вызывают между вами разногласия, противоречия, кризис.

Это и есть – ПОКА ЧТО НЕРЕШАЕМЫЕ ПРОБЛЕМЫ.

Поставьте одни против других и начните изучать, чем они отличаются. Вы вдруг увидите, что, в принципе, они абсолютно одинаковые, вы просто зациклились на том, что это – плохо, а то – хорошо. Не верите?

Попробуйте переставить их местами! Давайте меняться. Один список добрый, другой – злой. Попытайтесь изменить то, что вы считаем для себя злым – вдруг это может быть добрым, а доброе – вдруг это злое? Давайте играть. Не будьте закостенелыми, неподвижными людьми, а будем гибкими, способными на внутренние изменения, на какие-то метаморфозы. Это очень интересная работа. Она сразу же показывает, кто же вы двое?

Главный опыт этого упражнения такой: когда вы выявляете проблему, когда ее четко видите с обеих сторон – «плохой» и «хорошей», она уже не та огромная, неразрешимая проблема, что была немногим ранее. Были случаи, когда проблема полностью исчезала, улетучивалась, как дым. Попробуйте.

Приведем, в завершение этой части, небольшое размышление.

Представьте: вы сидите на кухне, после тяжелого дня, и вас отчитывают за то, что опять что-то не сделано. Как вы будете с этим работать? Что выберете? Признаете свою вину, проглотите обиду? Подумаете: «Пусть партнер сам признает свою вину хоть в чем-нибудь – его очередь!»?

Ничего не надо «проглатывать». Ни в чем не надо признаваться. Надо прийти к такому состоянию, когда супруги вместе, взаимно дополняя друг друга, решают любые проблемы. Но не по принципу, когда один прав, а другой виноват, и таким образом всё решается – это неверно. Это эгоистическое давление, власть, сила, определенная выгода, желание продемонстрировать свою гордость, игнорируя партнера.

Дело даже не в том, кто сделает или нет какую-то работу. Дело в том, что мы стараемся друг друга подчинить – вот это проблема. Поэтому надо сразу же убрать эту цель – подчинить. Наоборот, постараться, по возможности, уступить, показать этим пример. В таком случае можно очень быстро прийти к равновесию, к согласию. В семье станет легко, откроются новые дополнительные источники энергии и мотивации. Просто надо настроиться и все время держать этот настрой, не требующий, кстати, особых усилий.

На самом деле такое отношение само рождает много энергии, много горючего и является источником здоровья и жизни. Так что, надо просто этому обучить.

Это психологическая техника – не более того.

Вопросы для круглого стола:
- Может ли общество принять в виде свода моральных законов, что может быть дозволено в семейной жизни, а что – нет, или это внутреннее, интимное дело каждой семьи?
- Как часто, на ваш взгляд, следует прибегать к уступкам одному из партнеров, чтобы другой не расслабился и не «сел ему на шею»? И кто первый должен начать уступать?
- Как изменится наша земная жизнь, если люди, по примеру партнеров в семье, будут таким же образом решать свои разногласия и проблемы – договариваясь, уступая

и прощая, – на всех уровнях связи и взаимодействия друг с другом?

САМОЕ МАЛОЕ ИЗ ТОГО, ЧТО НУЖНО ЗНАТЬ ПРИ ВОСХОЖДЕНИИ НА ШЕСТУЮ ГОРУ

На стадии знакомства, установите четкие границы в отношениях друг с другом. Пусть ваш партнер знает о том, что в его поведении может доставить вам боль.

Абсолютно не касайтесь тех тем, по которым вы не можете договориться, и которые, непременно, вызовут скандал, ссору. Установите на них табу на определенное время.

После заключения негласного соглашения никто не ступает на территорию другого. Этим вы показываете друг другу, что во имя хороших отношений готовы уступить.

Решайте свои решаемые проблемы и не пытайтесь решить не решаемые до тех пор, пока и они не станут решаемыми. Делайте это красиво, доставляя друг другу радость.

Старайтесь, чтобы те части, в которых вы едины, постоянно увеличивались, а те, в которых вы противоположны, – все время уменьшались.

Что бы ни случилось вчера, как бы это нас ни рассорило, начинайте новый день, как ни в чем не бывало, как будто бы ничего не произошло, объявляя друг другу полную амнистию. Это – закон, который очень поможет любой паре, которая отважится его принять.

Если у вас случился конфликт или ссора, не расстраивайтесь. Отнеситесь к этому, как к прекрасной возможности выйти на новую ступень в ваших отношениях.

ГОРА СЕДЬМАЯ

ГОРА СЕДЬМАЯ – зеркало. Чтобы подняться на эту гору, нужно понять, что все недостатки твоего партнера, на самом деле, не что иное, как твои собственные изъяны.

«Если ты встретишь за день трех сумасшедших, – взгляни в зеркало».[9]

Так оно и есть. Окружающие вас люди – идеальное зеркало, в котором вы можете увидеть все свои недостатки. Стоит только быть внимательнее, и не забывать об этом правиле.

Если люди дают вам понять, что вы им не интересны, что они вас не ценят, то, быть может, это только потому, что немногим раньше вы дали им понять, что они неинтересны вам, что их не цените вы.

Если люди дают вам понять, что не видят в вас ничего хорошего, то, быть может, это только потому, что немногим раньше вы дали им понять, что не видите ничего хорошего в них.

Если вам не нравятся самоуверенные, властные, высокомерные люди, возможно, это из-за того, что вы боитесь, чтобы таковыми не сочли вас самих.

Если вам не по душе люди слабые, нерешительные, застенчивые, возможно, это из-за того, что вы боитесь, чтобы таковыми не посчитали вас.

Если вас не любят, быть может, это значит, что не любите вы?

Итак, это замечательно, если вы видите в ком-то недостаток, мешающий вам жить. Помня правило «зеркала», вы можете привести себя в порядок, исправив в себе изъяны, замеченные вами в других. Кроме того, что вы станете привлекательнее для всех, вас покинут некоторые сопутствующие проблемы.

Прощение. Разумеется, вы тут же оправдаете любого, «не так» относящегося к вам человека, ведь глупо обижаться на себя самого, на свои комплексы и недостатки, отражающиеся в других.

---

9 М. Койдль. «Мерзавцы. Почему женщины выбирают не тех мужчин».

Депрессии. Вас покинут эти состояния: «Меня не любят. Меня не ценят. Я никому не нужная, бесполезная личность». Глупо плакать попусту, если все в ваших руках! Изменяя себя, вы тут же меняете к себе отношение со стороны других и с изумлением замечаете: «Ого! Оказывается, меня любят и ценят»!

Обидчивость. У окружающих людей, как правило, нет цели обидеть или унизить вас. Если вы помните правило «зеркала», то воспримете все их действия как интуитивную, неосознанную попытку указать вам на какой-то ваш недостаток, требующий исправления. В этом случае, вы способны вместо угроз и проклятий произнести человеку, давшему такой урок, слова признательности и искренней благодарности за оказанную бесценную помощь.

Беспокойство. Вас покинет раздражение по этому поводу, отвлекающее и мешающее жить.

Придирчивость. Постепенно вы избавитесь от излишней придирчивости в отношении других людей, трансформировав ее в требовательность в отношении себя.

АЛЕКСАНДР И ЕВГЕНИЯ

Они супруги со стажем, им за тридцать пять. Они терпят друг друга вот уже десять лет. Евгения часто жалуется своим подругам: «Мой муж постоянно меня унижает, даже перед посторонними людьми. Иногда мне кажется, что это доставляет ему удовольствие. Я бы давно разошлась с ним, но у нас трое детей». Александр вздыхает: «Моя жена своенравна, упряма и всегда делает только то, что она сама хочет, что бы я ей ни говорил, что бы мы не решали вместе – все равно, потом она все решает по-своему. Жить так невозможно. Признаться, пару лет назад я нашел себе другую женщину, на стороне, она моложе и покладистей. Мы встречаемся каждый понедельник и среду, по вечерам. Может, нам с женой лучше разойтись?».

Познакомив эту пару с принципом «Зеркало», мы предложили им выполнить это сложное упражнение: из того изъяна, который они видят в партнере, определить собственный недостаток. На удивление, они справились!

В результате длительных совместных выяснений, Александр увидел в постоянно возобновляющемся, стойком упрямстве жены свой собственный недостаток. Он увидел, что ее отчужденность и своенравность – это результат его пренебрежения своей второй половиной, закономерный и печальный итог его нежелания уделить ей минимальное внимание, дать ей немного тепла и участия. Его недостаток – неуважение. «Если не любишь ты – не любят и тебя». Как только он проявил внимание к своей жене, поставил на должное место ее мысли, мечты и желания, серьезно отнесся к ним, ситуация стала улучшаться на глазах. Оказалось, что упрямство, несговорчивость жены – это крик о помощи: «Хочу чувственной связи с тобой, основанной на признании и уважении!». Через несколько месяцев его внебрачные отношения развалились, сами собой, за ненадобностью.

Женя увидела, что постоянные унижения со стороны мужа – это результат того, что она своенравна и «сама себе на уме». Ее недостаток – неприятие. Когда женщина встречает мужа любовью, принимая его таким, какой он есть, ему гораздо удобнее слушать партнершу и принимать ее чувства, относиться к ней со вниманием и заботой, делать то, что женщина хочет. Исправив это в себе, она удостоилась того, что так долго ждала. «Когда любишь ты – любят и тебя!»

УПРАЖНЕНИЕ «ЗЕРКАЛО»

В своих взаимоотношениях с другими мы можем в один прекрасный день понять: позитивная сила находится вне нас, а негативная – внутри, в сердце каждого.

В свете того, что происходит в мире и в семье, есть одна хорошая и действенная методика – подняться над эго и использовать его в обратном направлении, рассматривая партнера как зеркало собственных свойств и, соответственно, вынуждая эго действовать наоборот. Тогда у нас появится доброе и хорошее отношение друг к другу.

Можно спросить: «А если мой партнер – садист, изверг, психопат, и так далее? Это что – его недостатки, на самом деле, мои?».

Обратите внимание, что в нашем семейном исследовании мы не рассматриваем крайние формы: отклонения психики, нарушение законов. Речь идет только о нормальных, здоровых, адекватных людях и их отношениях.

Любой нормальный человек может задать такой вопрос: «Допустим, такого отношения я достигну в конце, а как же мне пережить переходный этап, если я не могу сделать ни одного критического замечания своему партнеру, потому что он мое зеркало? Весь этот негатив я должен переводить на самого себя. За весь день ни одного слова – да я просто взорвусь! Известно, что гораздо полезнее для здоровья и семейных отношений тут же выговариваться, а не копить раздражение в себе. Но я должен молчать? Разве в предыдущих главах вы не призывали к этому? Теперь, похоже, вы говорите что-то совершенно противоположное».

Помните, что партнеры, практикующие упражнение «Зеркало», некоторое время должны вести непрерывное общение между собой. Если они будут при каждом удобном случае обсуждать и выяснять, каким один видит другого и почему, то это войдет в привычку, которая станет второй природой каждого из них.

Их общение – это не нечто эпизодическое. Это словно диета, которую, если начали, нельзя бросить. А если бросили, то все труды пошли насмарку.

Если они все сделают правильно, то не перекроят свои собственные желания и не станут людьми, которых можно беззастенчиво использовать. Они, действительно, выйдут на более высокий уровень связи – на уровень более тонкого ощущения. Каждый поднимется над собой и облачится в партнера, принимая от него все его свойства и желания.

Они поймут друг друга и без слов – ведь внутри каждого есть образ другого. Единство. Они начнут чувствовать друг друга так, что станут единым целым.

ВЫВОДЫ

В качестве вывода, мы попытаемся коротко изложить интереснейшие выводы, к которым пришла наша «мудрая толпа» – семейные пары, выполнявшие упражнение «Зеркало» по правилам «Круга».

Первое: никто не страдает от недооценки со стороны партнера.
Действительно, кто-то видит в партнере недостаток, но, благодаря опыту подобных упражнений, понимает, что этот изъян, на самом деле, его собственный. Он начинает искать – какой именно? При этом совершенно ни в чем не обвиняет партнера – какой в этом смысл? В результате, как сказано, никто не страдает от недооценки с его стороны.

Второе: в результате правильно проведенной работы, вместо испорченного свойства, в партнерах рождается новое качество – исправленное. Семейные отношения нормализуются, приобретают второе рождение.

Преодолевая некое мешающее обоим свойство и начиная подниматься над ним, каждый получает качество, обратное ему. На место недоверия в семейные отношения приходит доверие. Непонимание сменяется пониманием, неуважение – уважением. Неприятие уступает место притяжению, непризнание – признанию. Семейные отношения нормализуются, приобретают второе рождение.

Третье: на место вечного страха перед очередным семейным крахом приходит уверенность в том, что и в дальнейшем, с помощью принципа «Зеркало», удастся достигнуть улучшения и обновления отношений.

Вместо страха: «Это ужасный человек, и наши отношения ни к чему не приведут, и что же будет дальше?», – приходит уверенность: «Обнаружилась еще одна проблема, но вместе мы ее преодолеем, без всякого сомнения». На место раздражения: «Он совершенно невыносим», – внимание: «Стоп! Ну-ка разберемся, отчего это происходит, в чем причина проблем?». Это позволяет партнерам обрести новое отношение к миру и друг другу.

Четвертое: в отношениях партнеров проявляется удивительная скромность, очищающая связь между ними.

К примеру, если раньше я требовал от партнера бесконечного и всеобъемлющего внимания и уважения, то теперь становлюсь более скромным в своих притязаниях. Я понимаю: если взглянуть объективно, он проявляет ко мне вполне нормальное отношение. Просто мое непомерно развитое себялюбие, как обычно, завысило планку ожиданий. Если же я уменьшаю свои претензии, если я не веду счет обидам и, вместо этого, спокойно работаю над собой, тогда я аннулирую прежнюю, испорченную связь между нами и выстраиваю нечто принципиально новое.

Пятое: партнеры строят еще более глубокую внутреннюю связь между собой, работая, как скалолазы на одной страховке, когда, если ошибается один, в пропасть падают оба. Они показывают пример один другому, и каждый из них возвышает партнера в собственных глазах.

Я подаю партнеру пример, вызываю в нем готовность к такому же ответу. По сути, я открываю себя для того, чтобы получать от него новое отношение. Своим примером я помогаю партнеру приподниматься над его ограниченным «Я» к гораздо более объемному «Мы». Я прикладываю старания, я беседую с ним о том, как хороша будет жизнь, если мы поднимемся над своими естественными себялюбивыми порывами.

С другой стороны, я должен возвышать партнера в своих глазах и ценить его пример. Ведь он тоже превозмогает свои порывы «разобраться со мной» в то самое время, когда я в чем-то проявляю «слабину», когда мое себялюбие тянет меня вниз за ноги, не позволяя подняться над собой.

Так мы и становимся примером друг другу: каждый старается быть одновременно учителем и учеником другого, то поднимая голову, то склоняя ее. Такая обоюдная поддержка – это уже правильная взаимосвязь на равных. Так раскрывается наша взаимозависимость.

Мы ведем обоюдную работу: иногда один из нас выше другого, иногда второй, а иногда мы – на равных. В течение дня мы ведем несложный учет: сколько раз нам пришлось так или иначе вспомнить о принципе «Зеркало», сколько раз пришлось подняться над своими ограниченными «Я», чтобы увидеть в партнере позитив вместо негатива, а в себе – смешные и нелепые проявления себялюбия.

Критику партнера каждый заменяет самокритикой, разбором собственных свойств, которые выставляют другого в отрицательном свете. Так мы, действительно, становимся партнерами в противостоянии нашему себялюбию, общему ненавистнику. В конфронтации с ним мы начинаем сближаться, и это соединяет нас в одно целое.

Шестое: с помощью общества, поддерживающего их устремления и цели, партнеры приобретают привычку, опыт, вкус самосовершенствования. Окружающий их мир будет представляться им все более добрым и исправленным, за исключением самых крайних и болезненных его проявлений.

Выходит, реальность делится на две части. Одна часть – внутри меня самого, где с самого рождения живет природное, эгоистичное начало. А вне себя я могу видеть мир, полный добра. Таким образом, я оказываюсь в чудесной лаборатории. И по мере того, как я буду стараться все больше отменить себя относительно своего партнера, мое эго сможет показать мне всё новые внутренние явления, раскрывающиеся во мне – и только во мне.

Со временем я буду видеть в партнере всевозможные новые изъяны, и это будет давать мне возможность снова, увидев в них собственные недостатки, покрыть все это любовью. Таким образом, я буду все больше исправлять себя, и весь мир будет представляться мне всё более добрым.

Так будет продолжаться до тех пор, пока через такие внутренние побуждения не раскроется вся глубина моего себялюбия.

То же самое произойдет и с моим партнером.

При этом мы с ним не стремимся избавиться от своего эго, отторгнуть его – мы лишь используем его для продвижения, поднимаясь над ним и достигая, с помощью его провокационных подсказок и соответствующей работы, полного взаимопонимания и единства.

Мы, люди, не видим истинный мир – мы видим только самих себя! У каждого человека на глазах стоит фильтр, который пропускает только то, что для него хорошо. Все это для того, чтобы он мог отдалиться от вредного для себя и приблизиться к полезному. Так выборочно каждый видит окружающую его реальность.

Нам незнаком, неизвестен настоящий мир, существующий вне нас. Мы его не понимаем и ничего о нем не знаем. Он предстает перед нами таким, каким его рисует наше желание, стремление каждое мгновение жизни получить максимальное удовольствие с минимальными затратами сил.

Почему бы не попробовать раскрыть его к бескрайнему изумлению партнера и своего собственного?

Прекрасное семейное приключение, не правда ли?

Седьмое: весь мир становится для партнеров зеркалом, дающим возможность работать над собой. Они видят его, как совершенную систему связи между людьми. Эту вибрацию они передают вовне, и ее же, по закону радиоприемника, получают из необъятной Вселенной.

Каждый и на мир теперь смотрит верно, здраво, с готовностью уступить.

Снова и снова я вижу мир по сравнению с собой, как нечто совершенное. Дело уже не только в партнере – весь мир становится моим зеркалом. Помня о том, что недостатки во мне самом, я привыкаю видеть мир, состоящий из других людей и связей между ними, все более и более добрым и прекрасным.

Я и мой партнер – мы вместе передаем во Вселенную эту частоту, положительную и любвеобильную. Разумеется, в ответ, нам возвращается та же самая вибрация, совершенная и добрая. Это значит, что, пока мы будем помнить о том, что можно жить таким удивительным образом, все беды и неприятности будут обходить нас стороной.

И это не какая-то случайность, а закон Природы! Ведь нас не надо исправлять силой, проблемами, «ставить в угол», подгонять к совершенству тумаками – мы идем к нему сами, собственным свободным выбором. Не верите? Проверьте!

Восьмое: они могут осознать одну важнейшую истину – никто не может силой, хитростью, уговорами или обманом заставить другого человека сделать что-либо. Он может только сообщить ему о своем желании, самым трогательным и ясным образом, пригласить его к совместному действию и ждать от него ответа.

Постепенно я осознаю, что самый быстрый и надежный путь прийти к совершенству и гармонии в отношениях – это не пытаться изменить «злые и нехорошие» качества партнера, но поменяться самому в сторону сближения с ним и тут же увидеть мир преображенным и совершенным ровно в той мере, в которой удалось сделать это.

Девятое: партнеры понимают, как никогда, что все, к чему они стремятся, проходя через непонимание, скандалы и раздражение – это как можно более тесная, близкая и эмоциональная связь друг с другом. Они видят, что такая связь достигается, когда им обоим удается в любых жизненных ситуациях отождествлять себя не с ограниченным и линейным «Я», а с объемным, единым «Мы». Это «Мы» помнит и уважает желания обоих, и удовлетворяет их с легкостью и огромным удовольствием.

Я отношусь линейно к партнеру, и он – так же точно, ко мне. И эта узкая направленность показывает все эти неприятные моменты в нас друг другу. Мы словно сталкиваемся с ним лбами на узенькой дорожке и не можем разойтись, а ждем – кто кому уступит?

Но, если вспоминаем о том, что есть наше общее «Мы» – единое целое – тут же, добавляем к нашей реальности еще одно измерение. И оказывается, что в этом новом мире мы нисколько не противодействуем друг другу, не стоим друг напротив друга, упершись головами.

Более того, мы обнаруживаем, что наши жизненные линии не только не мешают, но даже дополняют одна другую, рисуя прекрасную картину жизни. Мы больше не противники, но союзники, и каждый больше может не опасаться за то, что партнер в чем-то ограничит его личностный рост, посягнет на его уникальные и неповторимые качества. Никто не ломает себя, не подстраивает под другого, потому что видит: мы оба хотим развития и совершенствования, а не сопротивления и подавления.

Что дает нам возможность быть в этом состоянии единства, в этом объемном и прекрасном «Мы», не разбиваясь на части, не отдаляясь вновь? Только то, что мы пытаемся любить друг друга.

Десятое: Они могут прийти к тому, чтобы полюбить всё, что есть в партнере, словно мать по отношению к своему ребенку, которая не делает расчетов и беззаветно любит его, что бы он ни сделал. Он для нее самый красивый, самый успешный, лучший из всех – она покрывает своей любовью все его грехи, все недостатки. И они могут прийти к тому же. И это – не в начале отношений, а после долгих совместных лет жизни, когда утихнут гормоны и страсти. В чем причина? Она проста – ведь это доставит им обоим несравненное, постоянно обновляющееся удовольствие.

Мне нужно научиться смотреть на партнера такими глазами, и тогда я увижу его подлинную, человеческую красоту, удивительную и неповторимую, а не отражение своего эго.

И он увидит то же – во мне.

Мы с ним можем подумать, друг о друге: «Если бы мы по-настоящему любили друг друга, то не замечали бы никаких недостатков, как мать, которая не видит в своих детях ничего плохого. Так действует естественная материнская любовь, застилая ей глаза. И даже если она замечает какие-то недостатки в ребенке, она любит их и считает милыми шалостями».

Прежде всего, мы начинаем привыкать к осознанию того, что все пороки, которые мы видим в партнере, находятся в нас самих.

Но, при большом желании, мы подходим к такому порогу, к такому единству, когда понимаем, что они, эти изъяны партнера, объясняются недостатком нашей любви к нему.

Тут-то мы и переходим к следующему этапу – «Мы», на котором работаем не только со своими желаниями и свойствами, но и – с его.

Из этого нейтрального состояния мы пытаемся почувствовать, проверить, понять желания, свойства, чаяния, цели партнера, чтобы исполнить их, как свои собственные, и испытать от этого несказанную радость и счастье, чтобы предъявить партнеру свои собственные желания, дать ему исполнить их, как его личные, и насладить его этим сверх всякой меры.

Это и есть – любовь.

Предмет, к которому мы подошли, достоин отдельного и подробного рассмотрения в следующей части.

Вопросы для круглого стола:

- Можно ли применять в отношениях с партнеров правило «Зеркало» сразу же, не проходя всех предварительных этапов?
- Как определить те границы, в которых работает правило «Зеркало»? Или этих границ не существует, и вопрос лишь в том, насколько мы любим других людей и способны оправдать их?

САМОЕ МАЛОЕ ИЗ ТОГО. ЧТО НУЖНО ЗНАТЬ ПРИ ВОСХОЖДЕНИИ НА СЕДЬМУЮ ГОРУ

Есть универсальный закон: «Каждый видит неисправности в меру своей испорченности», или, если проще: «Любой видит в другом человеке свои собственные недостатки».

Любому, кто помнит об этом, становится легче жить.

Ваш партнер — идеальное зеркало, в котором вы можете увидеть все свои недостатки, потому что с ним вы, скорее всего, проводите большую часть своего времени.

Итак, это замечательно, если вы видите в партнере недостаток, мешающий вам жить. Помня правило «Зеркало», вы можете привести себя в порядок, исправив в себе изъян, замеченный в нем. Кроме того, что вы станете привлекательнее для него, вас покинут некоторые сопутствующие проблемы в общении с другими людьми.

А что с партнером? Вы начнете чувствовать друг друга так, что станете единым целым.

При большом желании вы подойдете к такому порогу, когда поймете, что они, эти изъяны партнера объясняются недостатком вашей любви к нему.

И тогда, возможно, вы по-настоящему попытаетесь почувствовать, понять желания, свойства, чаяния, жизненные цели своего партнера, чтобы наполнить их, как свои собственные, и испытать от этого несказанную радость и счастье, чтобы предъявить партнеру свои собственные желания, и дать ему исполнить их, как его личные, и насладить его этим сверх всякой меры.

Ведь это и есть – любовь.

ГОРА ВОСЬМАЯ

ГОРА ВОСЬМАЯ – любовь. Чтобы подняться на эту гору, нужно прийти в совместных отношениях к такой большой любви, которая покроет все недостатки: и его, и ее – вместе взятые.

В нашей семейной жизни бывают моменты, когда мы испытываем высочайшее, ни с чем несравнимое ощущение счастья, озаряющее будни яркой вспышкой. Впервые соприкоснувшись с этим, мы удивляемся тому, что нечто подобное вообще возможно. Ведь раньше мы и не подозревали о таком.

Полагаем, у каждой пары бывают мгновения необыкновенной сопричастности, когда партнеры словно живут друг в друге, пронизывают друг друга, когда между ними проявляется такое сплетение, взаимопроникновение, от которого не сбежишь, никуда не денешься – так захватывает дух. Родство, близость, доходящая до единства, буквально дурманит их, и в этом всплеске любви они теряют голову.

Подобные мгновения посылает сама природа для того, чтобы мы сблизились и создали семью, произвели на свет потомство, воспитали и оберегли его – ведь род человеческий не должен прекратиться.

Однако, без должного контроля с нашей стороны счастливые времена уходят так же, как и пришли. Это продолжается всего несколько минут, несколько дней, несколько недель. Здесь многое зависит от нас самих, от периода, «полосы», которую мы проходим в жизни. А затем «наваждение» исчезает.

Как продлевать этот накал единства? Как задерживать такие моменты, как «продлить очарование»?

Возможно ли это – всегда быть на вершине взаимной любви? Что нам поможет?

Конечно же, все те упражнения, с которыми мы познакомили вас. С их помощью мы строим образы друг друга, учимся понимать, чувствовать, принимать и радовать один другого.

Попробуйте, например, нисколько не смущаясь, работать над упражнением «Горькая начинка, покрытая толстым слоем шоколада, или что мы хотим друг от друга», при каждом удобном случае.

Даже если вам не удастся его реализовать, привычка все равно станет второй натурой, и правильное отношение и стремление к взаимопониманию и гармонии постепенно заживет внутри ваших сердец.

В принципе, кроме этого нам больше почти ничего и не нужно! Попробуйте – и вы выясните это для себя со всей очевидностью. Достаточно немного внимания – и вы, рано или поздно, поймете друг друга.

В противном случае возможны два варианта.

Первый – разойтись.

Второй – покрыть все любовью. Ведь ваш партнер действительно старается, прилагает усилия, настолько, насколько может! Стали бы вы расставаться со своим ребенком по этой причине? Скорее всего – нет!

Важно здесь вот что: нам удается выстроить образ своего партнера.

Он строится из того, что мы накапливаем в себе желания противоположной стороны, ее стремления, привычки, восприятие, взгляды, отношение к миру. В процессе этой игры мы, словно артисты, играющие роль и обязанные войти в этот внутренний образ. От нас самих остается лишь физическое тело, а весь наш внутренний мир: мысли, желания, привычки – облачаются в человека, которого мы хотим принять как самого главного в своей жизни и полюбить всем сердцем и душой.

Это то, что нам нужно постараться сделать.

И когда мы построим в себе этот образ, нам станет понятен внутренний мир партнера. Мы будем, как бы из него, смотреть на мир, его глазами воспринимая реальность, и тогда нам станет понятно, чего он от нас ждет, на какой вид связи способен.

В итоге, мы поймем со всей очевидностью, что нам не надо исправлять друг друга – мы привыкнем к тому, что начинать каждый шаг можно только с точки соединения. Чем бы мы ни занимались, в конечном счете, всё призвано укреплять эту точку. Она для нас не только финальная цель, но и цель каждого частного действия.

Если мы все сделаем правильно, то дополним, друг друга, до такой степени, что внезапно обнаружим, что все «выступы» и «выемки» в нас, все достоинства и недостатки настолько соответствуют нашему единому *мы*, что каждый из нас идеально входит в сердце другого и восполняет его.

Это значит, что всё плохое и хорошее, что мы постоянно выявляем, служит лишь укреплению этой самой точки соединения. Благодаря этому, она все время растет, начиная с простого согласия, всё больше и больше. В этой точке рождается новое свойство, новое совместное ощущение, какого не было раньше. Это называется «каплей единства» – ведь в капле не разглядеть отдельных частей, тех двух капель, которые стали ею одной.

Вот это ощущение, эта капля жизненной энергии – и есть любовь.

Свойство, чувство, которое мы в ней раскрываем, приходит не из этого мира. В ней мы нащупываем свой корень – некую высшую судьбу, высшую силу природы, которая свела нас, соединила и привела к слиянию.

НЕСКОЛЬКО СОВЕТОВ

Что нам поможет на пути к вершинам любви? Разумеется упражнения, которые мы дали. Но, кроме этого, есть еще несколько простых советов.

- Доверяйте своим чувствам, но еще больше – разуму.
- Нарисуйте идеальный образ своего партнера, примите, одобрите и поверьте в него.
- Думайте и мечтайте о нем, как о человеке, рядом с которым вы можете чувствовать себя несовершенным, слабым, но самым желанным и понятым. Чтобы это сбылось, открывайтесь ему полностью.
- Радуйтесь трудностям, ссорам и непониманию, потому что это новый этап в ваших отношениях, открывающий путь к вершинам любви.

- Все уступки, которые вы делаете друг другу, должны быть «уступками любви».

Есть пары, которым очень помогли эти советы.

Кто их автор? Догадайтесь!

Конечно же, коллективная мудрость семейных пар, прошедших наш курс.

РАЗУМ

Прежде всего, нам стоит сформировать в себе правильное понимание того момента, когда нам следует обращаться не только к чувству, но и к разуму. Ведь теплое ощущение, мелькнувшее когда-то, уже исчезло, а память о нем исковеркана перипетиями последующих жизненных этапов. Этот проблеск родственного чувства был спонтанным, безрассудным, а теперь мы хотим задействовать разум, чтобы проанализировать этот всплеск.

Только он поможет нам заново вызвать его из прошлого – того прекрасного времени, когда мы ходили рука об руку и жили душа в душу, не в силах расстаться и пылая таким чувством, что казались парой безумцев с вечными улыбками на устах.

Мы хотим воссоздать это ощущение, чтобы оно подсластило нам жизнь и придало ей вкус, смысл. Кроме того, тем самым мы сможем распространять тепло и участие на своих детей и близких.

Вот почему надо обращаться к разуму.

Именно с его помощью мы придем к испытанному ранее чувству, но теперь оно будет сбалансированным: мы не потеряем голову и сможем жить с ним долгие годы, развивая его и присматривая за ним. Включаясь в желания и потребности партнера, мы не лишимся дара речи от избытка эмоций, а сможем делиться впечатлениями и переживаниями, измерять и обсуждать их. Мы будем точнее передавать друг другу обуревающее нас чувство любви и привязанности, усиливая и возвышая его еще и еще над всеми жизненными перипетиями и над привычкой, везде оставляющей пресный привкус.

Не стоит рассчитывать на «спонтанные», случайные, бесконтрольные всплески эмоций.

Мы заключаем соглашение о том, что сами будем порождать любовь между нами и пестовать ее. Мы не ждем никаких проблесков из неведомого источника, а сами ведем дело.

И тогда, что бы ни происходило на протяжении нашей долгой жизни, мы сможем поддерживать огонь любви так, чтобы он постоянно обеспечивал нам поддержку, придавал замечательное надежное ощущение, согревающее на всех этапах пути.

ПРИЯТИЕ И ОДОБРЕНИЕ

ИГРА «МОЙ ПАРТНЕР ИДЕАЛЬНЫЙ!»

Каждый из нас обращается и относится к другому, как к лучшему, важнейшему, умнейшему, уникальнейшему в мире человеку. Мы не остерегаемся преувеличений, не избегаем высоких слов и комплиментов – напротив, мы ищем их.

Привычка становится второй натурой – мы действительно начнем видеть в своей «половинке» то, что ей приписываем.

Попробуйте выполнить это непростое упражнение, и вы не пожалеете.

Объективной реальности нет.

Мы всегда видим то, что рисуем на «холсте» своего сознания. По сути, мы не замечаем партнера, хотя и живем вместе. Мы настолько привыкли к нему, что лишь изредка за внешним видом фокусируемся на чуть более глубоких гранях.

Предположим, я муж, глава семьи. Никто не требует от меня изначально искренних чувств. Мысленно я представляю себе жену королевой красоты: неотразимая, в высшей степени рассудительная, замечательная хозяйка, идеальная мать, умная и добрая, привлекательная, сексуальная и т.д. И я отношусь к ней так, словно она отвечает всем этим параметрам, пока действительно не разгляжу в ней все эти качества.

Я рисую в воображении образ лучшей в мире жены – образ, охватывающий все сферы жизни, все ситуации. Но дело не ограничивается фантазиями – я работаю над собой, чтобы на деле относиться к жене так, как будто она и есть этот образ. Я буквально «программирую» себя и наши взаимоотношения.

Так или иначе, нарисовав себе идеал, я облачаю партнера в этот идеальный образ. Отныне он для меня именно таков. Причем, дело тут не во внешности. Я внутренне наделяю все его качества совершенством: «Это же моя жена, а значит, лучшая из всех женщин».

Разумеется, здесь нужны усилия: я вырабатываю такое отношение, как будто вижу перед собой нарисованный идеал. Все добродетели мира сошлись в ней. Я мысленно возвожу ее на пьедестал, на престол королевы и не опускаю с этой высоты, несмотря ни на что.

Всё в ней совершенно, а если что-то мне не нравится, то потому, что мое бестолковое «я» застит мне глаза.

Допустим, в доме царит беспорядок, которого я терпеть не могу, а я веду себя с женой так, словно она всё разложила по местам. Я принимаю порядок таким, каким видит его она. Я даже не ищу ей оправданий – я изначально хочу и настраиваюсь видеть совершенным всё в ней и всё, что от нее зависит.

Главное в этой картине не внешние штрихи, а уважение, пиетет, которым я проникаюсь, ценность, которую идеал обретает в моих глазах. Именно эту ценность, это отношение я и переношу на партнера. Ничто не мешает мне устремить свое воображение в верное русло и «запрограммировать» себя на определенное поведение.

Работая, таким образом, через неделю, месяц, полгода, я вдруг обнаружу, что всё переменилось: оказывается, я и вправду вижу ее безупречной во всем, как и она меня. На нашей общей территории расцвела любовь…

Одним словом, «без труда не вытащишь и рыбки из пруда». Любовь приходит тогда, когда я показываю партнеру, что принимаю его, что он желанен, несмотря на весь тот негатив, который мне в нем видится. Я проявляю любовь, такую же, как к собственному малышу, который всегда неотразим в моих глазах, каким бы он ни был.

Итак, мы ведем с партнером эту внутреннюю работу – взаимно, осознанно, осмысленно. Мы обсуждаем ее, мы показываем примеры, мы во всех ситуациях считаем друг друга идеальными. Да, воочию мы видим несколько иную картину (хотя потом и это изменится), однако переносим акцент на новое отношение, пока что нарочитое, но серьезное.

А в итоге, «сказка» станет явью, и любовь, проросшая и окрепшая меж нами, уже не потребует никаких уловок. Любые проблемы будут предоставлять нам лишь новые возможности для компромиссов, уступок и еще большей любви.

Роскошь быть несовершенным и слабым, но желанным и понятым, и принятым, которая доступна лишь тем, кто раскрывается партнеру полностью.

Признайтесь – вы мечтали о таком?

Вы недалеко от реализации своих тайных желаний, потому что теперь вы не боитесь, что партнер может вас отвергнуть из-за ваших несовершенных качеств. Вы не опасаетесь больше, что он не воспримет некоторые ваши желания и не ответит на них полной взаимностью. Он не будет пользоваться вашей открытостью, чтобы причинить вам неудобство и боль.

Более того, он потребует от вас полного раскрытия всех ваших секретов и тайн, даже самых страшных и ужасных, таких качеств, в которых вы сами себе боитесь признаться, потому что, если вы скроете, хоть что-то, утаите от него самую малость вашего сердца, испугаетесь, смалодушничаете, будете излишне рассудительны и осторожны, он не сможет любить вас полностью.

Он будет любить лишь ту часть, которую вы ему открыли. Он никогда не познает вас целиком, а вы не увидите, как, несмотря ни на что, прекрасны в его зеркальном отражении.

Зачем лишать его возможности и радости любви? Зачем лишать себя удовольствия быть любимым?

НЕДОРАЗУМЕНИЯ И НЕДОСТАТКИ

Сближаясь друг с другом, мы не стираем свои индивидуальности и различия.

Чем больше наши семейные недоразумения и «преступления», тем выше и больше будет наша любовь, поднимаясь над ними. Они-то, как раз, и помогают нам строить ее. А если их нет, то и любовь будет не так сильна.

Представьте себе супругов с большим опытом совместной жизни, которые знают слабости и привычки друг друга. Они уже свыклись с ситуацией до такой степени, что им порой недостает тех малых неудобств, которые один доставляет другому. Для них это стало своего рода развлечением. Ведь небольшие трения – это тоже связь, без них человек не чувствует партнера. А когда тот рядом, это входит в привычку, становится второй натурой.

Как ни странно, проблемы – это тоже поддержка, пускай отрицательная, но создающая границы, рамки для семейной жизни. И таким образом каждый осознает: «Я действительно живу в семье. Да, я плачу за это определенную цену. Но без этой череды позитивов и негативов я просто исчезаю, пропадаю, остаюсь в вакууме – и мне плохо». Благодаря им, каждый нащупывает свое подлинное «я», свою основу, свою «ячейку».

Идеальные взаимоотношения требуют немножко «соли и перца», иначе ощущение связи остается неполноценным. И здесь нужно освободить людей от многочисленных иллюзий. Они полагают, что можно жить в сплошной любви и радости, а на деле такого не бывает. Хорошо сказано: «Все недостатки покроет любовь». Не может быть радости, если в основе ее не заложено нечто горькое, едкое.

Во всем, что мы делаем, присутствуют «плюс» и «минус». Так мы устроены, таким создан этот мир. Поэтому приветствуется зрелое осмысление принципов совместной жизни, серьезное, взрослое понимание необходимости сочетания двух сил, между которыми и кроется совершенство. Так в электричестве: ток тем сильнее, чем больше разность потенциалов.

Итак, мы узнали все слабости и требования партнера, знаем границы, в которых можно «играть» и «притрагиваться» к нему. Это настоящее искусство.

Если все гладко и тихо, то любовь будет не так сильна.

Как только мы осознаем, что благодаря трениям и конфликтам можем стать более сильными, любящими и заботливыми, перестанем бороться с ними, оставляя себе шанс к подлинной близости.

Поэтому недостатки и проблемы должны остаться. Но это не значит, что мы обязаны постоянно инициировать них – они сами раскроются, можно об этом не волноваться. Однако мы не затушевываем их, не сбрасываем напряжение, а принимаем все, как есть. Есть у нас полный вагон, нагруженный нашими грехами, но всю эту гору мы покрываем своей любовью, сближаясь все больше и теснее.

И тогда наша любовь становится огромной, вырастая поверх всего этого тяжкого груза.

УСТУПКИ

Известно, что характер ребенка начинает проявляться в двухлетнем возрасте, а в 5-7 лет он явно демонстрирует его, и с этим ничего не сделаешь. Мы вынуждены это принять. Мы видим, что одни качества он унаследовал от бабушки и дедушки, другие – от мамы с папой, и воспринимаем все это с любовью.

Так и в партнере мы должны принять и такие качества, которые нам не очень приятны – ведь мы стремимся полюбить его всем сердцем и душой!

Человек не способен изменить свой характер. До самого конца жизни в нем остаются те же привычки, которые он получил в детстве, поэтому только взаимные уступки – ключ к согласию в семье, формула успеха.

С каким намерением вы уступаете своему партнеру? Предлагаем вам несколько вариантов ответа на этот вопрос. Вы же подберите себе тот, который наиболее вам близок.

- Если он первый покажет свое доброе намерение, то, так и быть, я тоже уступлю ему при случае. Я уважаю своего партнера, но это не значит, что я всегда буду ему потакать. Дойдет до того, что я стану его рабом. Я тоже бываю прав (а) – так пускай он(а) уступит первым.

- По очереди, по-честному. Мы понимаем, что уступать в семье надо – без этого никак. Чтобы все было без споров, мы будем делать это по очереди: так никому не будет обидно.
- Я уступлю ему, потому что невозможно терпеть его (ее) скандалы. Я первый(ая) уступлю своему партнеру, чтобы было меньше крика и разборок, ведь я не люблю споры и проблемы – сколько можно портить себе нервы? Так мне более комфортно – уступить.
- Я уступлю партнеру, потому что, сделав это первым(ой), я буду ощущать себя сильным и великодушным человеком. И это воистину так – я столько стараний прикладываю для нашей семьи!

Во всех этих примерах – уступки. Но не уступки любви.

Я уступаю не из-за слабости и не из-за того, что хочу почувствовать себя великим и сильным. Ведь теперь речь идет не об этих мелочах, а о любви!

Я получаю от этого другой выигрыш, настоящий, и, таким образом, я умножаюсь, расширяюсь, как минимум, вдвое. Теперь есть не только я, но я и мой партнер, которого я стремлюсь принять и полюбить всем сердцем! Значит, если я включил его в себя, то мои желания и стремления увеличились в два раза!

Например, я отдаю партнеру стакан чая, но при этом я не лишаюсь его, а словно получаю вдвое больший стакан. Ведь за счет этого я покупаю его желания, стремления, мечты, а также их наполнения! Он пьет чай, смотрит на меня с благодарностью, и я радуюсь за него больше, чем за себя, чем, если бы я сам выпил его – ведь я стараюсь любить его всем сердцем и душой! Я счастлив от ощущения удовольствия, которое он получил, словно мать, радующаяся удовольствию, доставленному своему малышу. Благодаря этому, я покупаю новые инструменты восприятия, возможности насладиться. Если я не отменяю себя, у меня нет возможности расшириться, стать невероятно большим.

Уступка состоит в том, что я отменяю свою границу и позволяю зайти внутрь себя чужим свойствам, желаниям, целям!

А я принимаю их так, будто они мои собственные. Иначе я не вырасту и не смогу ни с кем связаться – я навсегда останусь внутри своего напыщенного «я», которое, по сути, является круглым нулем.

Я не смогу радоваться оттого, что счастлив мой партнер, как тогда, в начале знакомства с ним, безумно и искренне.

Я не смогу получить удовольствие оттого, что рады мои дети, родители, друзья или кто-то еще, потому что, не смогу преодолеть свое эго и впустить их, таких родных и близких, в себя и наполнить их, и быть счастливым именно от этого.

Скажите, зачем люди ходят на стадионы болеть за свою команду, ведь можно спокойно посмотреть игру из дома по телевизору?

Там вы находитесь в окружении десятков тысяч людей и наслаждаетесь от общего переживания, взаимного включения, единой цели. Это расширяет ваши органы восприятия. Вы становитесь таким же большим, как тысячи людей вокруг вас.

Впитывание, поглощение, взаимное включение – это необходимое условие для развития. Всем знакомы научно-популярные фильмы о том, как встречаются две клетки и сливаются в одну, а затем начинают множиться и разрастаться в новое тело? Это возможно лишь за счет того, что каждый уступает, открывается, чтобы соединиться.

Без этого не будет полной и совершенной жизни – в этом и заключается весь ее секрет.

УСТУПКИ ЛЮБВИ

Если люди действительно любят друг друга, им больше не нужны уступки. Любовь является решением всех вопросов. Они просто принимают партнера таким, каков он есть, как любимого ребенка. Более того, они ощущают его, как себя самого.

Если родитель вернулся с работы голодный и сел ужинать, а ребенок просит какой-то кусок из его тарелки, тот с удовольствием ему его отдает. Это не называется уступкой. Разве мать должна идти против себя, уступать в чем-то, чтобы заботиться о своем младенце? Разве отец идет на уступки, покупая сыну велосипед? Они делают это, потому что любят своего ребенка, как самих себя.

Они делают это, потому что получают от этого усилия любви огромное удовольствие.

НАВСТРЕЧУ ДРУГ ДРУГУ

Вы с партнером начинаете с осознания того, что вы – два эгоиста, стоящие друг против друга и разделенные бесконечной дистанцией. Далее, каждый должен оставить свою первородную точку и начать приближаться к партнеру.

Чем больше вы приближаетесь к противоположной стороне, тем дальше оставляете свою природную, базисную точку, и вам все труднее продвигаться. То же самое и вашему партнеру: по мере того, как он оставляет свое «я», ему все тяжелее двигаться вперед. Продвижение происходит за счет взаимных уступок, до тех пор, пока вы внутренне не соприкоснетесь.

Это первая точка контакта. Вы принимаете от партнера все, что необходимо ему в силу его характера так, что это становится необходимым и для вас. А он принимает от вас все, что нужно вам в соответствии с вашим характером, и делает это необходимым для себя. В такой форме между вами возникает соприкосновение, стыковка, взаимное проникновение. В сердце каждого из вас, образно говоря, есть выступы и выемки, которыми вы входите друг в друга.

То, что важно вашему партнеру, должно стать важным для вас, и он делает то же самое по отношению к вам, чтобы между вами возникла какая-то общая область. Работа в ней помогает вам соединиться, благодаря вашим стараниям удержать эту связь во всевозможных ситуациях.

Эта общая территория и называется вашей супружеской парой. Это словно две пересекающиеся окружности с общей зоной, в которой каждый принимает от другого его желания так, будто они ему важнее собственных.

Кроме нее, у вас есть еще огромные территории, принадлежащие только партнеру или вам. А что же делать ними?

Но вы уже привыкли к уступкам любви настолько, что не можете без них! Даже если можно было бы исправить разницу между вами, вы не желаете этого. Вы чувствуете во всех противоречиях возможность для особого соединения. Адреналин бурлит в вашей крови. Вы уже понимаете, что без них не будет особого, изысканного наслаждения.

Все эти шероховатости помогают вам связаться друг с другом. Именно благодаря тому, что вы уступаете, друг другу, вы ощущаете между собой тонкую чувственную связь – основу истинной любви. Без взаимных уступок связь не возникнет.

Если бы с самого начала вы были бы во всем согласны друг с другом, то не почувствовали бы ни трения, ни контакта. А когда вы уступаете, друг другу, в противоречиях и муках, вы не отменяете свое ограниченное «я», но поверх него строите эту связь. И потому она такая стойкая, непоколебимая, сильная – между вами сохраняется внутренний конфликт, но именно поверх него, за счет ваших бесчисленных внутренних усилий, все выше и выше вырастает и развивается невероятная, всепобеждающая любовь.

«Общая территория» – это ваше удвоенное эго, и именно оно крепко связывает вас и позволяет ощутить ваше прекрасное, неповторимое соединение.

Вы строите свои уступки на основе понимания, что ваши характеры невозможно изменить и что вы не собираетесь исправлять и ломать партнера. Вы не требуете от него никаких перемен. Вы основываетесь лишь на взаимном согласии.

Каждый из вас понимает: «Я уступил, но это не называется, что я согнулся. Я поднялся над собой, а не перечеркнул себя. Я осознаю, что не согласен с партнером, и в то же время знаю, что мне выгодно принять его желание, его привычку, его взгляд – выше своего желания, привычки, мнения. Получается, что я остаюсь при своем мнении, а он – при своем. Но я сознательно позволяю ему властвовать надо мной. А он, со своей стороны, делает то же самое. Это непросто, но зато каждый при этом удваивается, и мы соединяемся в одно целое. Я включаю в себя всё, что есть в нем и положительного, и отрицательного, а он включает всё, что есть во мне».

Каждый готов поступиться всеми своими претензиями ради того, чтобы воспринять партнера выше себя, как самого дорогого друга. Таким образом, он включает в себя другого, и это рождает между ними соединение, слияние, полное перемешивание желаний.

В итоге, партнеры понимают, что таким путем достигают новой эпохи в своих семейных отношениях, нового измерения в восприятии супружества, человека, общества, мира.

Человек начинает смотреть на все другими глазами. Он видит, в какой форме существует жизнь, в чем ее тайна. Он начинает чувствовать, как все живет и дышит, как все развивается.

Сам по себе он был какой-то мертвой клеткой. Но теперь он может вбирать внутрь себя весь мир и включать в себя абсолютно всё. При этом, сохраняя свои границы, не ломая себя. Это очень важный момент, потому что люди часто понимают уступки в совершенно противоположном смысле, как отказ от своего желания, с риском тут же быть проглоченным кем-то другим, как кролик удавом.

Сделаем выводы.

Вы уступаете не из-за слабости и не из-за того, что хотите почувствовать себя великим и сильным. Ведь теперь речь идет не об этих мелочах, а о любви!

Вы получаете от этого другой выигрыш, настоящий – ведь, таким образом, вы умножаетесь, расширяетесь, как минимум, вдвое. Теперь есть не только вы – но вы, и ваш партнер, которого вы стремитесь принять и полюбить всем сердцем! Значит, если вы включили его в себя, то ваши желания и стремления увеличились в два раза!

Благодаря этому, вы покупаете новые инструменты восприятия, возможности насладиться.

Вы открываете свои границы и пытаетесь использовать свое желание, свои привычки, все свои способности для наполнения стремлений другого человека.

Ваша уступка состоит в том, что вы немного пренебрегли собой, чтобы исполнить его желания. За счет этого вы обрели его ощущение, разум, мысль, наслаждение, радость и счастье – в совокупности, вы выиграли. При одном только условии, что вы, изо всех сил, пытались любить его, как самого себя, а он – вас.

Вопросы для круглого стола:
- Что такое любовь?
- Что нового обнаруживается в «мы» мужчины и женщины, полностью принявших, оправдавших и взаимно дополняющих друг друга, по сравнению с простой суммой «он» и «она»?
- Возможно ли, чтобы все люди на Земле полюбили друг друга по примеру мужчины и женщины, нашедших свое «мы»?
- Как выглядит это общее «мы» человечества, в котором каждый любит всех, а все – каждого? Как этого добиться? Возможно ли это?

САМОЕ МАЛОЕ ИЗ ТОГО, ЧТО НУЖНО ЗНАТЬ ПРИ ВОСХОЖДЕНИИ НА ВОСЬМУЮ ГОРУ

Благодаря постоянному общению, вы накапливаете в себе желания партнера, его стремления, привычки, восприятие, взгляды, отношение к миру – так в вас создается подробный образ партнера.

В один прекрасный день вам становится понятен его внутренний мир: причины его поступков и мотивы его поведения.

В такой же прекрасный день, вашему партнеру становится понятен ваш внутренний мир: причины ваших поступков и мотивы вашего поведения.

С огромным удивлением, вы обнаруживаете, что вам, оказывается, вовсе не надо исправлять друг друга! А все «выступы» и «выемки» в вас, все достоинства и недостатки одного и второго настолько соответствуют вашему единому *«мы»*, что каждый из вас идеально входит в сердце другого и дополняет его.

Это называется «каплей единства» – ведь в капле не разглядеть отдельных частей, тех двух капель, которые слились воедино.

Вот это ощущение единения, эта капля жизненной энергии и есть любовь между вами.

Более того, выясняется потрясающая вещь: чем больше ваши недоразумения, разногласия и различия, тем выше и больше будет ваша любовь, поднимаясь над ними. Они-то, как раз, и помогают вам строить ее. А если их нет, то и любовь будет не так сильна.

И еще одна деталь: если люди действительно любят друг друга, им больше не нужны уступки (сама любовь решает все вопросы). Они просто принимают партнера таким, какой он есть, как любимого ребенка, потому что они ощущают его, как себя самого.

ГОРА ДЕВЯТАЯ

ГОРА ДЕВЯТАЯ – отчаяние, путаница и бессилие. Чтобы подняться на эту гору, вам потребуется доброе и хорошее окружение – ваш надежный помощник на пути к вершинам любви.

Вопросы для круглого стола:
- Приведите примеры того, как окружение способно влиять на человека.
- Когда влияние окружения хорошее, а когда – плохое?
- Как быть человеку, вступившему в окружение с хорошим влиянием, с тем, что за пределом этого окружения он, возможно, встретит плохое влияние?
- Как нам выстроить во всем мире одно хорошее и доброе окружение, устроенное по принципу большой и дружной семьи?

Гора девятая. С ее вершины открывается вид на все человечество, как на одну большую и добрую семью.

«Человеческое существо — это часть целого, называемого нами Вселенной. Оно переживает себя, свои мысли и чувства, как нечто изолированное от остального, – своего рода оптическая иллюзия сознания. Эта иллюзия — подобие тюрьмы, ограничивающей нас только личными желаниями и привязанностью к немногим ближайшим нам людям. Наша задача — освободиться из этой тюрьмы, расширив круг своего сочувствия и объяв все живущие создания и всю совокупность природы в ее красоте», – писал в одном из своих писем А. Эйнштейн в 1950 году.

Что мешает мне сделать то, о чем писал великий ученый?

Если я формирую в себе способность тонко и деликатно ощущать ближнего, в данном случае, супруга, тем самым я обретаю способность чувствовать каждого и мир в целом, всю действительность. Причем делать это по-настоящему объективно, независимо от моих собственных свойств – над ними.

Я обретаю желания и мысли партнера и через него хочу ощущать мир. Я как будто не существую сам, как будто нахожусь в нем – и через него воспринимаю реальность.

Это дарит мне новые ощущения, помимо тех, что дают пять внешних органов чувств. Это позволяет мне преодолеть рамки собственной ограниченности и выйти за пределы собственного «я».

Выходит, я как бы достраиваю в себе второй этаж. На первом – я всё ощущаю через свое тело с его пятью органами чувств, через свое маленькое «я», данное от рождения. И над ним я строю второй, на котором ощущаю жизнь через кого-то другого. Этот «кто-то» просто помогает мне преодолеть собственные ограничения. Если я способен «облачиться» в другого человека, это и означает, что я поднялся ступенью выше.

Да или нет?

Казалось бы, как я могу встать на место своего партнера? Но дело тут не в партнерах. Они могут быть очень примитивными или, наоборот, интеллектуалами – неважно. А важно то, что таким образом я обретаю ключик от новой, высшей реальности, и когда обретаю ее, то обнаруживаю, что суть не в них, а в самой возможности, которую они предоставляют. Передо мной находится большая эмоционально-рассудочная система, состоящая из желаний, чаяний и мыслей всех людей, покрывающая весь мир, а я могу выйти из своего ограниченного себялюбия и «облачиться» в ее полную удивительных возможностей бесконечность.

И, начиная «облачаться», я вижу уже не жену и не мужа. Прежде всего, я оказываюсь за рамками собственно «я» – вот что важно. И тогда я начинаю смотреть на мир через них, как через новые «очки». Их новшество в том, что они не зависят от моего эго. Используя их желания, свойства и принимая их как свои собственные, отказываясь от себя и «облачаясь» в них, я тем самым обретаю средства, позволяющие выйти из собственной «коробочки». И тогда, благодаря этим новым средствам, я вижу «перевернутый мир» – противоположный, лежащий над моим закостеневшим себялюбием.

Почему, собственно, мое старое, доброе, привычное «я» столь проблематично? Зачем мне выходить из него? Ведь, в сущности, оно меня бережет.

Оно ограничивает меня.

Вот и все.

Там, вне его, я вижу другой мир, и люди представляются мне иначе. Теперь я смотрю на людей и обстоятельства жизни не через призму себялюбия, и потому не терплю обычный урон. Меня обидели, меня не поняли – я, я, я… Ведь любой ущерб наносится не мне самому – кто знает, кто я, на самом деле – а именно моему эго.

Выход из собственной ограниченной природы создает для меня совершенно новую ситуацию. Исчезают страхи, волнения. Всё это атрибуты себялюбия, в котором я больше не нахожусь. Я обрел другой подход к жизни, к миру.

Страшно сказать, но я обнаруживаю, что весь мир летит в сторону добра с огромной скоростью. Если же мне открывается некий вред или некая угроза, это лишь показывает, где я еще должен изменить себя.

Все зло мира – это те места в отношениях между людьми, между нами всеми, которые мы должны улучшить, чтобы прийти к бескорыстной и всеохватывающей любви.

Этот объективный ракурс раскрывает мне такие явления, о которых я не мог и помыслить, такие вещи, которые я не мог видеть раньше, поскольку старое «я» скрывало их от меня. Я смотрел на мир через него, и оно полностью «фильтровало» мое восприятие, показывая лишь то, что сулило ему наслаждение либо угрозу. А сейчас всё открыто передо мной, и я вижу мир без искажений, таким, каков он есть – полным совершенства и добра.

Мы никак не сможем без эго, ведь это наша природа.

Но, оно ограничивает нас. Это очень просто проиллюстрировать.

Представьте себе, что ваш ребенок кричит на кого-то, не соглашается с ним, его лицо искажено гневом. Повинуясь закону единства и своей любви, по отношению к нему, вы скажете: «Какое смелое, решительное дитя! Во всем ищет правду, справедливость».

Теперь вообразите, что так же точно поступает незнакомый вам человек, с малоприятной внешностью. Повинуясь вашему эго, вы можете подумать так: «Какой грубый, неприятный, отталкивающий человек! Своенравный, и слышать не хочет о том, что может быть другое мнение, кроме его собственного суждения по этому вопросу».

Продолжим эту тему.

Человек плачет от обиды, нанесенной другим, у всех на глазах, его плечи сотрясаются от рыданий, он ищет глазами, куда бы спрятаться, исчезнуть, скрыться.

Ваш ребенок: «Какой он нежный, беззащитно-трогательный! Разве можно так поступать с ним, в подобной форме говорить ему грубые вещи? Надо немедленно ему помочь, подойти, утешить».

Незнакомый вам человек: «Какой он слабохарактерный – просто слизняк! Разве можно быть таким? Ведь стыдно же проявлять подобное малодушие на глазах у всех!».

Человек выглядит замкнутым, отстраненным, самовлюбленным, думает о чем-то своем и ничего, и никого не замечает вокруг.

Ваш ребенок: «Как он мил в этом своем сосредоточении! Не иначе, задумался о природе мироздания. Если он приложит чуть больше усилий в обучении, из него может выйти хороший, серьезный специалист. А вдруг, он влюбился в кого-то? Как ему идет это чувство!».

Незнакомый вам человек: «Какой странный тип! Не иначе, нарцисс, думающий только о себе. Лучше обойти его стороной, такой наступит на ногу, и не извинится! А может и толкнуть, нагрубить, сказать какую-нибудь гадость».

Человек имеет безумный, загнанный, неопрятный вид, бормочет что-то бессвязное, озирается по сторонам. Просит у прохожих мелочь.

Ваш ребенок: «О боже! Как он устал, запутался. Нужно немедленно подойти к нему, расспросить о трудностях, помочь, дать денег, накормить, согреть – как он похудел и продрог!».

Незнакомец: «Наркоман или пьяница, наверное. Украл что-нибудь и убегает. Ни в коем случае, нельзя давать ему денег – пропьет с дружками, и будет куролесить, задирать невинных прохожих!».

Человек имеет важный вид, он хорошо одет, гордо смотрит поверх остальных людей, он выходит из богатой машины и идет в сторону дорогого ювелирного магазина.

Ваш ребенок: «Какой он молодец! Как хорошо выглядит! Всего добился сам – имеет право на хорошую жизнь и доброе отношение. Я горжусь тем, что у меня такое успешное дитя!».

Незнакомец: «Фу ты, какой гордец! Нос задрал так, что смотреть противно. Идет так, словно он хозяин жизни. А ведь, копни глубже, а там, скорее всего – труха. Глаза бы мои таких людей, как он, не видели».

Подведем итог.

Глядя на мир глазами любви, исходя из ощущения «мы» – единства всех, воспринимая прохожих, как своих детей, близких вам, вы увидите: «Какой смелый, решительный человек! Во всем ищет правду, справедливость. А этот – нежный, беззащитно-трогательный! Может, нужно ему помочь, подойти, утешить? А вон тот – как он мил в этом своем сосредоточении! Не иначе, задумался о природе мироздания. А вдруг, он влюбился в кого-то? Как ему идет это чувство! А вон – еще один. О боже! Как он устал, запутался. Нужно немедленно подойти к нему, расспросить о трудностях, помочь, дать денег, накормить, согреть – как он похудел и продрог! А, вон тот – какой он молодец! Как хорошо выглядит! Всего добился сам – имеет право на хорошую жизнь и доброе отношение. Я горжусь им!».

Глядя на мир, через фильтр эго, мы можем воспринять тех же самых людей следующим образом: «Какой грубый, неприятный, отталкивающий человек! Своенравный, и слышать, наверное, не хочет о том, что может быть другое мнение, кроме его собственного. А этот, какой он слабохарактерный – просто слизняк! Разве можно быть таким? Ведь стыдно же проявлять подобное малодушие на глазах у всех! А тот вон, – какой странный тип! Не иначе – нарцисс, думающий только о себе. Лучше обойти его стороной, такой наступит на ногу, и не извиниться! А может и толкнуть, нагрубить, сказать какую-нибудь гадость. А вот еще один экземпляр – час от часу не легче. Наркоман или пьяница, наверное. Украл что-нибудь и убегает. Еще и клянчит денег, по привычке. Ни в коем случае, нельзя давать ему – пропьет с дружками и будет куролесить, задирать невинных прохожих! А вот, еще один. Фу ты, какой гордец! Нос задрал так, что смотреть противно. Идет так, словно он хозяин жизни. А ведь, копни глубже, а там, скорее всего – труха. Глаза бы мои таких людей, как он, не видели».

Эго, наше старое, потрепанное «я» ограничивает, скрывает истинный мир.

Сегодня человеку больше нечем себя удовлетворить. Он пуст. Люди летают по миру в поисках чего-то особенного, блуждают по телеканалам, не находя ничего нового.

Весь мир занят тем, что морочит себе голову, не оставляя ни секунды на размышления, поскольку нет ничего хуже, чем задуматься и осознать происходящее.

Все ищут, как убить свое свободное время.

Так давайте зайдем с другой стороны: для чего весь этот сумбур? Для чего наркотики? Для чего забивать жизнь ерундой? Ведь мы нарочно выстраиваем ее так, чтобы она постоянно утруждала нас ненужными, никчемными заботами.

Общество живет вечной сутолокой и суетой только лишь затем, чтобы давать людям «дело», пичкать их чем-нибудь. А иначе, о чем они будут помышлять? Что будут делать? Сегодня половину мира можно освободить от ненужной работы, но что будет с людьми? Чем они займутся?

Власти и правители специально создают такие системы и механизмы, чтобы люди кружились в них, как белки в колесе, замороченные, но чем-то занятые.

Единственное решение сегодня – научиться любить всем вместе, используя коллективный разум, чтобы сама сила любви, пронизывающая и поддерживающая миры, проникала в наши сердца и мысли, играла и искрилась между нами, соединяя нас вечной и нерушимой связью.

Семья, отношения мужчины и женщины – это только начало, необходимый и важный опыт общения с другими людьми – тренажер.

Выходя за рамки собственного «я» и погружаясь в другого человека, а потом – еще в одного, в третьего, и так далее, каждый учится обретать огромные желания всего мира, чувствовать потребности всех остальных. Постепенно, он перенимает внутренние свойства, стремления, мысли других людей, которые они сами могут даже не осознавать. Просто хорошо относясь к ним, он может впитать в себя всё, что заключено у них внутри, – он получает невероятные по силе и самые разнообразные желания, он раскрывает огромный потенциал, таящийся в каждом человеке.

Поднявшись над своим эгоизмом, он обнаруживает себя внутри бесконечной и удивительной Вселенной! Он распространяется между всеми и готов покрыть их своей заботой.

Он становится огромным, неограниченным.

Он замечает, что любит всех этих людей, разных, странных, порой совершенно непредсказуемых, очень часто «совершенно неправильных», порой ужасных, мерзких и несносных, все больше и больше, своим огромным сердцем покрывая все их изъяны и недостатки.

Происходит некий психологический переворот в восприятии действительности. До этого он все время воспринимал и просеивал происходящее с точки зрения собственной выгоды.

Но теперь, «выйдя из себя», он начинает фильтровать и выбирать то, что лучше для всех.

Он, не без удовольствия для себя, начинает жить в остальных.

Таким образом, он учится создавать для себя дополнение, которое делает его таким же огромным, как все человечество.

И именно в этом выполнение условия любви, и именно с его помощью каждый может завоевать весь мир.

Мир любви и добра.

А что делать тем, у кого нет пары?

Важен сам принцип. Его можно реализовывать в отношениях с друзьями, знакомыми, родителями, детьми, коллегами по работе, с недоброжелателями, противниками, врагами.

Легко сказать. Но как начать делать нечто подобное?

Вопросы для круглого стола:
- Человек может научиться чувствовать несколько близких людей. Но можно ли научиться чувствовать все человечество, как один единый организм?
- В чем именно состоит это удовольствие любить других?
- Почему это удовольствие больше, чем любить себя самого?
- Предположим, я буду любить всех. А есть ли гарантия, что полюбят меня?
- Может ли стать мир в будущем обществом всеобщей любви?

САМОЕ МАЛОЕ ИЗ ТОГО, ЧТО НУЖНО ЗНАТЬ ПРИ ВОСХОЖДЕНИИ НА ДЕВЯТУЮ ГОРУ

Семья, отношения мужчины и женщины – это только начало, необходимый и важный опыт общения с другими людьми.

Выходя за рамки собственного «я» и погружаясь в другого человека, а потом – еще в одного, в третьего, и так далее, каждый учится обретать огромные желания всего мира, чувствовать потребности всех остальных.

Происходит некий психологический переворот в восприятии действительности. До того, человек воспринимал происходящее с точки зрения собственной выгоды.

Но теперь, «выйдя из себя», он начинает фильтровать и выбирать то, что лучше для всех, потому что понимает, что это будет лучшим и для него самого.

Он учится подниматься над своим ограниченным эго и приобретает привычку жить в других людях – не только в себе.

Он пытается любить их абсолютно и бескорыстно.

Он получает от этого процесса огромную радость и ничем не ограниченное наслаждение.

ГОРА ДЕСЯТАЯ

ГОРА ДЕСЯТАЯ – отчаяние, путаница и бессилие. Чтобы подняться на эту гору, вам потребуется доброе и хорошее окружение – ваш надежный помощник на пути к вершинам любви.

Где взять силы для реализации столь возвышенной цели? Похоже, что эта удивительная, невероятная задача не такая простая, какой может показаться на первый взгляд.

А похудеть – простая задача? Или избавиться от вредных привычек?

История человечества показала, что есть единственный способ для этого – окружение.

Допустим, вы хотите сбросить лишний вес и вступаете в общество людей, страдающих от полноты. В нем нет ничего, кроме пустых разговоров. Люди приходят, жалуются на свою полноту, болезни, делятся различными советами и методиками похудения, большая часть из которых – выкачивание денег из ваших карманов, обман. Но главное не в этом. Важно именно то, что вы попадаете под воздействие общества, которое начинает ценить подтянутый внешний вид. В итоге, все говорят только об одном: кто и на сколько килограммов стал легче. Если кому-то удалось это сделать, люди от всего сердца завидуют такому человеку. Вы слышите все это, заводитесь от чужих успехов, и это дает вам силу бороться со своей полнотой. Так на вас действует мнение общества, окружения.

Люди устроены так, что они беззащитны перед этим мнением. Человек готов порой погибнуть, совершать самые безрассудные поступки, лишь бы заслужить одобрение общества, славу и почет, стать героем в его глазах. Уважение в глазах окружающих людей стоит очень дорого.

Кроме того, вспомните свою школу, колледж, институт. Знаете ли вы человека, который учился чему-то, оканчивал курсы повышения квалификации, участвовал в тренингах, но полученные знания и навыки надолго не задерживались у него в голове? И в чем причина этой забывчивости?

У этого человека плохая память?

Ему просто не везет?

Мы думаем, ответ прост, и он – тот же.

У этого человека не было доброго и любящего окружения, которое постоянно напоминало бы ему о важности практической реализации полученных знаний, в том числе, и своим успешным примером.

Эти выводы подтверждают и ученые.

Профессор Николас Кристакис из Гарвардского университета, вошедший в 2009 году в список ста самых влиятельных людей планеты, считает, что мы «заражаемся» социальными явлениями. Если мы научимся их правильно понимать, мы сможем многое изменить в нашем обществе. Нужно только правильно использовать связи между людьми и социальные сети.

Как вы думаете, насколько мы подвержены влиянию нашего окружения?

Удивительно, но если человек из вашего близкого окружения начал курить, ваши шансы начать курить поднимаются на 61%. С другой стороны, человек, бросивший курить, на 67% повышает шансы того, что каждый из его курящих товарищей тоже бросит курить. А если вы страдаете от излишнего веса, 57% ваших товарищей тоже подстерегает эта проблема.

Таковы выводы профессора Кристакиса и его соавтора профессора Дж. Фаулера из Калифорнийского университета, основанные на многолетних статистических данных, собранных в американском городке Фремингем. Уникальная выборка охватывает около 5 тысяч человек на протяжении 50 лет, начиная с 1948 года. Первоначально фремингемское исследование было задумано правительством США для исследования факторов риска сердечнососудистых заболеваний. Однако напав на «золотую жилу», талантливые ученые вскрыли закономерности, далеко выходящие за рамки как тривиальной статистики, так и собственно медицины. «Заразными» оказались не только физические изменения, но и состояния духа. «Заразным» оказалось ощущение счастья».[10]

«Большинство людей даже не осознают своей потребности подчиняться (обществу). Они свято уверены в том, что следуют своим собственным вкусам и склонностям, что они индивидуалисты, что они пришли к своим мнениям в результате собственных размышлений, а то, что их мнение совпадает с мнением большинства – чистая случайность».

Это написал Эрих Фромм, психоаналитик, один из самых значимых мыслителей 20го века.

Семейным парам, прошедшим данный курс, мы задали вопрос: «В чем разница между выполнением упражнений дома, вдвоем, и – всем вместе, в большом общем круге?».

Вот некоторые из ответов.

Никита:

– Разница значительная. Я постоянно чувствую, что за нами стоят все наши семьи, и это общество, этот круг обладают интегральной силой, которая помогает делать все эти упражнения. Во время обсуждений, мы вдвоем гнем свою, сугубо личную, узкую линию, а каждая следующая семья расширяет понимание, дополняет картину своим видением вопроса. И только когда каждый высказывается, приходит некое озарение – вот оно как все складывается, однако! И этому совместному решению – ему уже можно доверять на все сто! Понимание круга – это совершенно потрясающая, интегральная сила. Такого результата невозможно достичь в одиночку, семьей.

Тоня:

– Колоссально! Помню упражнение: создание образов мужчины и женщины, и их наполнение, и представляю, что бы у нас вдвоем с мужем получилось: я бы назвала что-то от жен-

---

[10] М. Лайтман, А. Козлов, А. Ульянов, С. Жданко, К. Кальченко, Взаимная ответственность: инструкция по выживанию в новом мире. – М.: НФ «Институт перспективных исследований», 2012, стр. 24.

щины, он – от мужчины, все это выглядело бы неинтересно, однобоко и странно… Вместе же мы, мне кажется, создали шикарный и полномерный образ мужчины и женщины. И это не фронтальная работа – здесь создается некое поле, в котором вы спокойно можете выразить все, что надо – поле вас нежно, заботливо и ласково подталкивает к этому. Один сказал, другой добавил, и каждый зажигается и тоже хочет что-то внести в общую копилку, подкинуть дров в разгорающийся костер – та связь, что рождается между нами, она подталкивает, обволакивает, ведет, дает энергию и силы.

Света:

– Во-первых, когда делаешь упражнение в круге, ощущаешь поддержку, а когда ты его делаешь дома, то замыкаешься внутри своей семьи, и твое восприятие любых вопросов – оно совершенно другое. Можно поспорить, поругаться с мужем, и так ни к чему и не прийти. Но вот, ты приходишь в круг, и слышишь других людей, и по-другому понимаешь эти упражнения – так, как это выходит у всех нас, вместе. Во-вторых, что интересно, у всех – похожие результаты, те же самые проблемы, и все ищут того же самого – любви и счастья. Ты успокаиваешься и уже не чувствуешь себя «белой вороной».

Андрей:

– Скажу больше: не то, что нереально, но просто незачем делать эти упражнения вдвоем. Они полезны именно тем, что дают потребность в окружении. К такому выводу я пришел. Тем более – мы сильно ускоряемся, когда делаем все вместе. Это ощущается, появляется энергия, разум, силы. А в одиночку – не знаю, с чем сравнить… Это медленное и тяжелое развитие, стояние на месте.

Сергей:

– По нашему опыту, делать что-то самостоятельно оказалось невозможным. Мы попытались и разлетелись буквально на том, как именно и что выполнять: «А вот там так сказали, нет – не так, а так», – на этом все и закончилось. После девяти встреч, мы дома смогли что-то сделать, пройдя перед этим через жесткий кризис. Мы поняли, что наши отношения должны или закончиться за ненадобностью, или обрести второе рождение, новую ступень. Маугли не может научиться читать, он не может разговаривать – все дает окружение. В итоге – спасибо вам за то, что с вашей помощью мы преодолели все трудности и проблемы.

Лиза:

– Мы почувствовали на своей шкуре, что самостоятельно невозможно прийти к чему-то действительно правдивому и стоящему. Когда мы пришли в этот круг, было ощущение – у нас все хорошо, зачем нам заниматься этим друг с другом? Ну да, надо попробовать сделать эти упражнения, – все делают, у всех какие-то впечатления, какие-то результаты. А в итоге, мы пришли к тому, что невозможно без изменений идти дальше, невозможно почувствовать друг друга, не сделав шаг навстречу, и только силой общего окружения пришло это понимание – в такой сильной форме.

Макар:

– Общество дает тебе зависть. У тебя появляется ответственность перед выполнением задания, и даже если ты ничего не сделал, все равно у тебя внутри голос: «Ты же должен, с женой. Вон, как у них все получается, интересно – а как они к этому приходят?». А… не получилось! Эти все переживания чувственные и есть та зависть, которая дает энергию движения. Откуда это исходит? От вас. Это нормально, так весь мир живет, поставляя друг другу все новые и новые желания – через общение, через рекламу. И что бы мы с Ларисой без вас делали? К чему бы мы пришли? Страшно подумать… К тому же, это уже было тысячу раз и не принесло нам никакой пользы, никакой радости…

Лариса:

– Я поддерживаю все, что сказали. Для меня лично все это – на тонком чувственном уровне изменений. Ты перестаешь линейно чувствовать не только участников круга, ты перестаешь так воспринимать себя и мужа. Почему? Потому что правила круга – они такие интегральные и внутренние. Как-то в круге получается, что у меня появляется возможность тренироваться, двигаться, развиваться в сторону того, что я всегда говорю не о себе, а о нашем с мужем семейном «*мы*» – я практикуюсь соединяться с мужем и отвечать за семью. Потому что собрался круг таких же кружков, и ты постепенно к этому привыкаешь, и ты учишься каким-то новым правилам общения, и это для меня – новое. Почему круг, почему группа? Потому что первичные упражнения, которые мы делали наедине, вдвоем – мы настолько друг напротив друга, и за нами никого нет, так, грубо скажем, я и муж, и получается, что мне постоянно требуются какие-то доказательства нашей связи, ещё что-то там, и мы, в итоге, мучаем с ним друг друга… А когда мы занимаемся упражнениями в круге, не знаю… может, это как-то противоречит всему сказанному даже… Такое ощущение, что у меня пропала потребность делать упражнения. Не знаю, как это выразить. У меня пропала потребность для себя самой делать их. Теперь меня интересует нечто большее. Но что?

Георгий:

– Сама по себе, пара не может решить возникшие проблемы, противоречия, если они не разрешимы, что называется. Только влияние окружения позволяет подняться над ситуацией, увидеть её со стороны и найти из неё выход. Таков мой вывод.

Вера:

– Дома всегда есть какая-то причина, чтобы не делать эти упражнения, – надо срочно делать что-то другое. Круг – это обязательство, в любом случае, надо что-то принести в него из себя, из наших с мужем выяснений. Но это не главное. Мне пришло, пока я вас тут слушала, озарение. Чем хорош потрясающий этот круг – тебе через какие-то ситуации не надо уже проходить, потому что, кто-то уже через них прошёл, с кем ты сидел в круге, рядом. И ты эту ситуацию, отработанную другим, другой парой, пропускаешь через себя с мужем, и такая же точно проблема внутри твоей семьи – она просто исчезает, вот именно эта. Вот чем хорош круг. Я не знаю другого такого места, где бы предоставлялась такая удивительная услуга. Это просто невероятно!

Катя:

– Сила разума – она пробуждает чувства, а они потом уже пробуждают любовь. Так вот, сила разума – это то, что мы формируем в круге. В обычной жизни – это всё топорно, прямолинейно. В круге семей, с ощущением поддержки, внимания и заботы – это все иначе.

Виктор:

– Слушаю вас, и не перестаю удивляться. Но, как минимум, согласен со своей женой, Катей. От себя бы спросил: «Ответьте, пожалуйста, по простому, что вам дали эти занятия?».

Никита, ведущий:

– Поможем Виктору?

Никита:

– Это была прекрасная возможность сблизиться со всеми вами. Кроме того, я понял, что у нас с Тоней очень хорошая семья, просто превосходная. Более того, я не уставал снова и снова раскрывать, что она с каждой встречей становилась все лучше и лучше, несмотря на постоянные выяснения, происходившие у нас с ней после каждого семинара. Я понял одну простую вещь: занимаясь подобным образом, можно избежать огромных проблем в будущем. Как говорится, «тяжело в учении, легко в бою».

Тоня:

– Эти 10 занятий дали нам окружение людей, которым можно довериться в любом вопросе, это всех нас крепко держало в те моменты, когда штормило и качало. По окончании у меня есть ощущение большой и доброй семьи, с которой не хочется расставаться.

Света:

– Удивительно, совершенно по-другому ощущаешь людей, намного ближе воспринимаешь их. Круг делает свое дело. И действительно, мы создали здесь очень сильное окружение. Конечно, это влияет на каждую семью. И мой муж, как я вижу, постепенно исправляется. И это здорово.

Лариса:

– Это значит, что сама Света изменилась.

Андрей:

– По сути, как не крути, а проблемы у всех семей одни и те же. Мне так показалось. Значит, их, действительно, лучше решать совместно. Играть, как дети, и таким образом развиваться, независимо от возраста. Такое созидательное движение можно произвести, только когда мы вместе: и силы на это будут, и увидеть следующий шаг можно только в группе. Очень интересная на самом деле штука.

Сергей:

– Я после одного из занятий полночи уснуть не мог, потому что почувствовал в себе невероятный объем нереализованной энергии, который вынес из нашего круга. А однажды, я удивился еще больше – все наши пары стали восприниматься как один человек. Не два отдельных тела в каждой паре, а что-то единое. Я просто обескуражен…

Лиза:

– Мне эти 10 занятий помогли совершить много открытий, на самом деле. Я постоянно сравнивала, что внутри нашей семьи происходит, и что в аналогичной ситуации чувствуют и проходят другие. Нет никаких сомнений, что получилось почувствовать общее поле, которое всех захватывает, на всех влияет. Эти занятия и ваше бесценное общество, несомненно, стали катализатором нескольких важных процессов в нашей семье, подняли вопросы, которые на дне лежали, затаившись, вскрыли их очень нежным, правильным образом. И теперь у нас нет с мужем иного выхода, кроме как выстроить следующую совместную ступень.

Макар:

– Безусловно, занятия дают глубокие знания в области отношений мужчины-женщины, их природы.

Лариса:

– Мне хочется добавить такой аспект: все наши упражнения и знания развивают чувствительность. А она, все больше и больше, требует нашей общей включенности, открытости, заботы. В этом смысле, для меня есть большой вопрос: как же мы расстаемся сейчас, если мне, например, требуется все большее и глубокое качество нашего общения и душевного взаимопроникновения? Хочу вас больше чувствовать, сегодня это для меня – самое ценное. Так вышло, такой вот итог.

Георгий:

– За время прошедшего тренинга я по-другому увидел, узнал вас. Опыт такой: первое впечатление, как всегда, обманчиво. Совершенно другие отношения теперь у нас в семье, чему я несказанно рад. Появились уникальные навыки прохода через различные критические семейные ситуации, практические и проверенные не только нами с женой, но и всеми вами.

Вера:

– Для меня стало открытием то, что любая проблема – решаема, что можно выйти из любой тупиковой ситуации. Колоссальнейший прорыв в этой области. Что еще добавить? Появилась открытость, исчезла зажатость. Действительно, начинаю людей воспринимать абсолютно по-другому. Уже не важно, кто и как выглядит – ищешь что-то внутреннее в человеке, что тоже замечательно.

Катя:

– Это были практические знания, которые позволили раскрыться. И мне хочется продолжения этой практической деятельности, но это без круга нереально сделать.

Виктор:

– Если бы мне раньше сказали, что такое возможно и бывает, я бы не поверил!

ТРУДНОСТИ НАШЕГО ВРЕМЕНИ И ИХ ПРЕОДОЛЕНИЕ

Проблема в том, что в наше время не так просто найти окружение, которое задалось бы такой целью – создать семью будущего, основанную на любви и согласии.

На протяжении всей истории человечества люди объединялись в семьи, поскольку ими двигал инстинкт. Дом, пища, секс, семья – это та самая сфера, в которой человек чувствовал, что живет, что он на своем месте, что у него есть родные и близкие люди, предыдущее и следующее поколение… Он просто не мог прожить без этих вещей, он в одиночку чувствовал себя выброшенным на улицу.

В прошлые времена семья базировалась на фундаментальных запросах: мужчина болен – семья помогает, он состарился – семья поддерживает, он получает удовольствие от детей, от домашней еды, жена ведет хозяйство, а он приносит ей заработок и, возвращаясь с работы, наслаждается семейным времяпрепровождением…

Но сегодня мир зашел дальше, выстроил другие условия: теперь человек может обойтись без атрибутов семьи. Сегодня всего этого нет – разве что в кино. Каждый сидит в персональном углу со своим компьютером, на стол кидается магазинная пища быстрого приготовления, да и вообще, партнеры не так уж и нуждаются, друг в друге… Порой их связывает некий общий договор: мы даем, друг другу секс, вместе ведем хозяйство, оплачиваем жилье. Если что-то не так, если удовольствие от общения исчезло, можно по-быстрому разойтись. И это тоже не будет большой проблемой ни для кого из таких партнеров – секс сейчас – «не вопрос», жилье можно снять в складчину с подругой или другом, все хозяйственные вопросы решает стиральная машина и микроволновая печь. Рядом с домом есть химчистка. И можно снова путешествовать куда хочется, развлекаться, как душе угодно, ни с кем не советуясь.

Дети? А зачем? К чему лишние проблемы? Тем более, все знают, что, когда современные дети вырастают, родители становятся им безразличными, у них своя жизнь, свои интересы, они никого туда не пускают, кроме своих друзей, сверстников. Зачем тратить на них кучу нервов, сил, времени и денег? К чему такое сомнительное удовольствие?

Семья в кризисе, как и весь мир.

Этот кризис отражает отсутствие правильной коммуникации между всеми частями человеческого общества. Кризис в семье – это недостаток связи между супругами. А кризис в образовании, например, – это недостаток связи между учебным материалом и тем, что нужно людям в жизни.

В любой сфере всё упирается именно в недостаток связи. И потому понимание правильной связи является ключом к успешной жизни.

Что делать тем, кто чувствует себя одиноким и слабым?

Это, правда, в наше время не так просто найти окружение, которое задалось бы такой целью – создать семью будущего, основанную на любви и согласии, на прочной связи между супругами. Непросто найти людей, которые согласны с тем, что семья нужна нам для того, чтобы мы могли в ее кругу заботиться о самом близком, самом дорогом человеке, прежде чем перейти к заботе обо всем мире.

Кто сейчас верит в то, что мужчине и женщине можно так жить вместе, чтобы получать от этого огромную радость, неограниченное удовольствие, и что этот потенциал, это осознание, расширяющее восприятие реальности, дающее наслаждение и прочную жизненную опору, можно распространить на весь мир?

Слово «любовь» затерлось, потускнело.

Единственный совет, который можно дать в этой ситуации: не отчаиваться и искать.

Ведь всегда легче жить и двигаться к цели в обществе единомышленников, поддерживающих друг друга, развивающих, усиливающих главное желание, ради которого они собрались.

А потому вам, если вы загорелись этой целью, понадобятся другие такие же пары, обеспечивающие поддержку и пример. Вдвоем вы будете смотреть на них, на то, как они помогают друг другу. А они будут давать вам объяснения, проявлять участие, делиться опытом.

В этих рамках вы можете проводить встречи, чаепития, беседы между парами, каждая из которых составляет единое целое. Как минимум, достаточно нескольких семей, работающих друг перед другом, старающихся укрепить друг друга, разделяющих опыт подъемов и падений.

Развивая свое окружение, вы развиваете себя.

Такое объединение сильно именно числом. Но по мере того, как растет сообщество, проходящее через эти перемены, каждый становится силен и качеством, благодаря чему все могут всё выше и выше подниматься к вершинам любви.

Связь между парами даст вам ощущение нового общества. Речь идет уже не просто о семье, уживающейся дома и решающей свои внутренние проблемы. Здесь вы выходите на новый уровень жизни вне семейных рамок и, действительно, можете увидеть то, как все эти пары превращаются в новое общество.

Причем общество это живет по тем же самым законам, что и дружная семья: пары точно так же проявляют участие друг к другу. Вы уже не ищете изъянов в чужом супружестве, не смотрите друг на друга с пренебрежительной усмешкой.

Вместе с супругом вы являетесь как бы одной клеткой, одним целым, а с другой парой, вы – как две клетки, как части общего тела любви и заботы. Теперь между вами царит взаимопонимание, вы умеете уступать и давать друг другу пример преодоления.

Помните, с чего мы начали? С того, что каждый из нас индивидуален и неповторим в своих свойствах.

Интересным примером является человеческое тело. Разные органы, миллиарды разных клеток. И только потому, что они разные, и каждый из них выполняет именно свою работу, имеет свое индивидуальное задание – вместе они составляют единый организм, способный жить и развиваться.

Создавая общество семей, любящих друг друга, мы создаем такое вот тело – совершенный организм.

Что поддерживает в нерушимом единстве наше тело, клетки которого действуют самым наилучшим образом? Что дает ему жизнь и энергию?

Что проявляет в нем тот самый коллективный разум – осознание самого человека, его хозяина? Что дает беспорядочному, на первый взгляд, миллиардному скоплению клеток удивительную мудрость высшей ступени – человеческой?

Сила природы.

А что это за сила?

Смело беритесь за дело – вы непременно раскроете, что эта сила и есть Любовь.

Вопросы для круглого стола:
- Приведите примеры того, как окружение способно влиять на человека.
- Когда влияние окружения хорошее, а когда – плохое?
- Как быть человеку, вступившему в окружение с хорошим влиянием, с тем, что за пределом этого окружения он, возможно, встретит плохое влияние?
- Как нам выстроить во всем мире одно хорошее и доброе окружение, устроенное по принципу большой и дружной семьи?

САМОЕ МАЛОЕ ИЗ ТОГО, ЧТО НУЖНО ЗНАТЬ ПРИ ВОСХОЖДЕНИИ НА ДЕСЯТУЮ ГОРУ

Всегда легче жить и двигаться к цели в обществе единомышленников, поддерживающих друг друга, развивающих, усиливающих главное желание, ради которого они собрались.

А потому вам нужны другие такие же семейные пары, обеспечивающие друг другу поддержку и пример.

Создавая общество семей, любящих друг друга, мы создаем в нем подобие человеческого тела – совершенный организм.

Что поддерживает в нерушимом единстве наше тело, клетки которого действуют самым наилучшим образом? Что дает ему жизнь и энергию?

Сила природы.

Смело беритесь за дело – вы непременно раскроете, что эта сила и есть Любовь.

ШКОЛА ОБЩЕСТВЕННЫХ ОТНОШЕНИЙ
vkruge.info

Школа общественных отношений vkruge.info – народный виртуальный университет, охватывающий дистанционным обучением все стороны жизни человека и его семьи.

Выбор супруга, создание и укрепление семьи, разрешение семейных конфликтов и воспитание детей – эти курсы постепенно помогают человеку жить и развиваться в комфортной атмосфере любви и заботы. Лекции по экономике семьи, выбору профессии, поиску работы и созданию гармоничных отношений в коллективе, позволяют приносить пользу обществу с радостью и достойным вознаграждением за труд. Занятия помогают построить прекрасные отношения с друзьями и соседями, наладить сотрудничество и взаимопомощь во дворе, районе и городе.

Учебные курсы состоят из самообучения – советов и рекомендаций, учебных фильмов и тестов самопроверки и вебинаров, на которых опытные преподаватели ответят на вопросы учащихся и пояснят сложные положения курса. После вебинаров проводятся семинары, на которых студенты делятся впечатлениями и проводят практические упражнения, позволяющие лучше усвоить материал.

С помощью vkruge.info каждый человек может создать вокруг себя теплое и комфортное общество, выстроить гармоничные отношения с любым окружением.

KRUGI.TV

Krugi.tv – это открытое сообщество, которое с помощью простого инструмента – круглых столов – ищет и находит ответы на непростые вопросы, решения острых проблем человека и общества. Цель проекта: с помощью коллективного разума и стремления к объединению приблизить каждого человека к счастью и гармонии.

Проект был создан осенью 2012 года группой увлеченных людей из разных городов как площадка для обмена мнениями в формате круглых столов. Постепенно к команде присоединились люди из разных уголков мира, и сейчас нас более 150 человек, участвующих в подготовке, обсуждении, а также продвижении идеи круглых столов на всех возможных уровнях.

Мы проводим не только виртуальные круглые столы. В 2013 году формат расширился до очных мероприятий и комбинированных, когда основное обсуждение происходило за настоящим круглым столом, а эксперты проекта Krugi.tv присоединялись через интернет.

ПОЧЕМУ И КАК ЭТО РАБОТАЕТ

Первая причина – это количество: люди, решающие проблемы совместно, добиваются удивительных результатов с помощью коллективного разума.

Вторая причина – качество взаимодействия. Разум и чувства людей, сидящих в круге, складываются. Но это не простое сложение, результат больше, чем сумма, – это взаимодополнение. Эффект от такого взаимодействия – мы становимся мудрее и счастливее. И всегда рады новым единомышленникам!

МУЖЧИНА И ЖЕНЩИНА:
КАК ПРЕОДОЛЕТЬ РАЗНОГЛАСИЯ И ПРИУМНОЖИТЬ ЛЮБОВЬ

Редакция и корректура *Н. Серикова*.
Дизайн обложки *А. Мохин*.
Выпускающий редактор *С. Добродуб*.

www.ingramcontent.com/pod-product-compliance
Lightning Source LLC
Chambersburg PA
CBHW020912080526
44589CB00011B/553